DOUGLAS TAVOLARO

CB021426

BREAKING NEWS

Os bastidores da fundação de duas marcas históricas do jornalismo mundial no Brasil

DOUGLAS TAVOLARO

BREAKING NEWS

Os bastidores da fundação de duas marcas históricas do jornalismo mundial no Brasil

Diretora
Rosely Boschini

Gerente Editorial Sênior
Rosângela de Araujo
Pinheiro Barbosa

Editoras
Carolina Forin
Juliana Fortunato

Assistente Editorial
Camila Gabarrão

Produção Gráfica
Leandro Kulaif

Agradecimentos
Monize Ramos

Reportagem e Apoio de Texto
Carine Portela

Preparação
Elisabete Franczak Vieira Branco

Capa
Plinio Ricca

Imagem de Capa
ZPC

Projeto Gráfico
Márcia Matos

Adaptação e Diagramação
Marcela Badolatto

Revisão
Andresa Vidal Vilchenski
Amanda Oliveira

Impressão
Plena Print

Dados Internacionais de Catalogação na Publicação (CIP)
Angélica Ilacqua CRB-8/7057

Tavolaro, Douglas
   Breaking news : Os bastidores da fundação de duas marcas históricas
do jornalismo mundial no Brasil / Douglas Tavolaro. – São Paulo : Editora
Gente, 2024.
   208 p.

   ISBN 978-65-5544-518-3

1. Jornalismo 2. Cable News Network I. Título

24-3432   CDD 070.4

Índice para catálogo sistemático:
1. Jornalismo

NOTA DA PUBLISHER

Comunicar-se diretamente com um público cada vez mais exigente e conectado tem sido um dos maiores desafios enfrentados por profissionais de mídia. Em um ambiente onde a atenção é disputada a cada segundo, poucos conseguem verdadeiramente se destacar. Douglas Tavolaro é uma dessas exceções. Ao trazer duas novas emissoras de televisão ao Brasil nos últimos anos, ele não apenas enfrentou esse desafio, mas também elevou o nível do jornalismo televisivo brasileiro a um novo patamar.

Breaking news revela as riquezas e emoções vividas por Douglas, um jornalista e empresário de mídia visionário, fundador do Times Brasil | CNBC. Com uma carreira que inclui a vice-presidência da Rede Record por dezessete anos e a fundação da CNN Brasil, o autor é responsável por parcerias inéditas e por transformar desafios em oportunidades. Sua trajetória é marcada pela ousadia e pela habilidade de antecipar as necessidades de um público que busca informações confiáveis e de qualidade em um ritmo acelerado.

Com mais de 25 anos de experiência, Douglas consolidou-se como uma referência no jornalismo brasileiro, sendo o idealizador de projetos que revolucionaram o mercado. Aqui, ele compartilha sua visão estratégica e as lições aprendidas ao longo de uma carreira repleta de conquistas. Este livro é uma leitura essencial para todos que desejam entender o futuro da mídia e aprender com um dos maiores nomes do jornalismo no Brasil.

Convido você a mergulhar nesta obra que não só revela os bastidores das grandes transformações na comunicação, mas também inspira a todos que desejam deixar sua marca em um mundo cada vez mais dinâmico e interconectado.

ROSELY BOSCHINI
CEO e Publisher da Editora Gente

Às minhas amadas filhas Giovanna e Julia, à minha mãe
Raffaela, e, em memória, ao meu pai José e ao meu
avô Michelle. Obrigado, família Tavolaro.

"Retenhamos inabalável a confissão da nossa esperança."
Hebreus 10:23

SUMÁRIO

PARTE 1

PARTE 2

PARTE 1

CAPÍTULO 1

RUMOS DA TV: DUAS MARCAS MUNDIAIS, UM PENSAMENTO

O alerta de mensagem, com o título da reportagem, disparou na tela do computador: "Fundador da CNN Brasil fecha acordo com rede dos Estados Unidos e vai lançar novo canal de notícias".[1] Eu estava sentado na sala de jantar, aleatoriamente atento ao movimento ascendente do vento que balançava uma das pitangueiras lá fora pela parede de vidro que dá para o quintal de casa. O cenário em um dos bairros mais residenciais de São Paulo se tornou companheiro próximo da minha mente nos últimos três anos. É quase um amigo de bar, daqueles para quem puxamos a cadeira ao lado, no fim de um dia extenuante, para resenhar sobre o futuro ou jogar pensamentos ao acaso. Foi também uma espécie de confidente do cérebro para os momentos de reflexão e busca de autoconhecimento enquanto eu cumpria obrigações jurídicas que me impediam de trabalhar.

Em janeiro de 2019, fundei a CNN Brasil após um planejamento de sete anos, que contarei em detalhes neste livro. Foi um sonho que nasceu e se tornou realidade a partir de uma apresentação de PowerPoint. Durante três anos, liderei a empresa como diretor executivo (CEO) e sócio. Ao vender as minhas ações, em março de 2021, assinei um contrato em que havia uma cláusula que me impedia de exercer qualquer atividade profissional na mesma área.

Não que os períodos de *non-compete* sejam um castigo para quem assina qualquer termo como esse. Esse tipo de cláusula contratual, tão contestada na justiça hoje em dia em acordos de rescisão de trabalho, impede que um funcionário seja contratado por um concorrente direto ou que inicie qualquer novo negócio que gere competição com a empresa anterior. Essa "interrupção forçada" na carreira pode legar bons aprendizados. Talvez sirva como uma pausa obrigatória para se repensar caminhos a seguir e reavaliar destinos percorridos.

No meu caso – com apenas 44 anos à época –, o ponto crucial foi a pisada no freio da rotina vertiginosa. O meu dia era consumido pelas responsabilidades de gerenciar empresas de notícias com intensa programação ao vivo na televisão, em média com dezoito horas ininterruptas, todos os dias, de segunda a segunda. Sempre trabalhei cargas horárias a mais do que as empresas me pediam porque comecei a liderar equipes e, talvez, consciente ou inconscientemente, carregasse a obrigação de ser um exemplo a ser seguido.

A caixa de e-mail, pouco utilizada nos últimos anos, parecia reviver na tela. Outra reportagem, encaminhada pela minha assessoria de imprensa, anunciava o que vinha pela frente.

Data: 5 de março de 2024. Horário: 11h12.

"Novo grupo de mídia brasileiro Times Brasil será lançado com conteúdo da CNBC".[2]

O *press release* oficial, com o anúncio do lançamento, foi divulgado simultaneamente pela nossa equipe de marketing no Brasil e pela CNBC em Nova York, nos Estados Unidos. "A CNBC, líder global em jornalismo de negócios, chegará aos brasileiros pela primeira vez em português por meio de uma parceria exclusiva de licenciamento de conteúdo",[3] descrevia o texto original em inglês.

O comunicado ganhou repercussão rapidamente. Entre os veículos brasileiros, recebeu diferentes destaques. *Folha de S.Paulo*: "CNBC será lançada no país por ex-sócio da CNN".[4] *Meio e Mensagem*, portal especializado no mercado publicitário: "Novo canal de notícias: Douglas Tavolaro traz CNBC ao Brasil".[5] Destaque na capa do portal *UOL*: "Ex-CNN fecha acordo com rede dos EUA para lançar canal CNBC no país".[6]

O anúncio gerou várias reportagens também no exterior, em inglês e espanhol. Na revista *WorldScreen* e no portal *Señal News*, principais publicações internacionais sobre a indústria de mídia: *Times Brasil to Launch with CNBC content*[7] ("Times Brasil será lançado com conteúdo CNBC", em tradução livre) e *El canal de noticias CNBC llegará a Brasil con proyección multimedia*[8] ("Canal de notícias CNBC chegará ao Brasil com distribuição multimídia", em tradução livre).

Direto de Nova York, o presidente global da CNBC, KC Sullivan, registrou a importância do acordo no Brasil: "Estamos entusiasmados em levar o conteúdo de notícias premium da CNBC para o público em todo o Brasil, em português. Como líder global em jornalismo de negócios, é missão da CNBC informar, fornecer insights e proporcionar uma perspectiva econômica global com relevância local por meio de parceiros como o Times Brasil".[9]

Eu também fiz questão de pontuar o valor da parceria norte-americana: "A CNBC é um ícone global do jornalismo, uma referência para qualquer empresa de mídia no planeta. Seu jornalismo é um modelo único de notícias confiáveis que tem a marca da CNBC".[10]

Para colocar a empresa em pé, assinamos um acordo exclusivo para o território brasileiro com a NBCUniversal News Group, que é controladora da CNBC. Fundada em 1989, a empresa produz jornalismo consumido por mais de 500 milhões de pessoas por mês, em todas as plataformas, em todo o mundo.

O acordo é o primeiro desse tipo já realizado na América Latina.

A CNBC produz quinze horas diárias de programação em uma rede global de jornalismo, vinte e quatro horas por dia, sete dias por semana, direto das sedes nos Estados Unidos, Ásia e Europa. Há redações em Singapura e Londres (Inglaterra) que se conectam aos estúdios da emissora em Hong Kong, Bangkok (Tailândia), Taipei (Taiwan), Sydney (Austrália), Xangai (China), Tóquio (Japão), além de 25 cidades europeias.

A emissora fornece uma programação intensa de notícias ao vivo, com informações sobre política, economia, esportes e outros temas do dia a dia, assim como cobertura completa do mercado financeiro global. Tendo sede em Englewood Cliffs, distrito no estado de Nova Jersey, Estados Unidos, é uma referência em qualidade com notícias de precisão, o que a transformou no canal mais assistido do planeta nesse segmento.

A NBCUniversal News Group, controladora da CNBC, é uma divisão da NBCUniversal, de propriedade da Comcast Corporation. Com sede na Filadélfia, na Pensilvânia, a Comcast é um gigante de mídia e tecnologia com dois negócios principais: Comcast Cable e NBCUniversal. A Comcast Cable é um dos maiores provedores de vídeo, internet de alta velocidade e telefonia, que atende a milhões de usuários de norte a sul dos Estados Unidos.

A NBCUniversal também é proprietária de dezenas de marcas de entretenimento e jornalismo com atuação em todo o mundo. É dona da NBC, uma das maiores redes de TV aberta dos Estados Unidos, além de várias emissoras de TV a cabo e negócios digitais em diferentes países. Possui empresas como Universal Television, USA Network, E!, Bravo, Syfy e ainda o canal Telemundo, a maior rede de televisão hispânica dos Estados Unidos.

A atuação da companhia na indústria do entretenimento também é singular. Os parques temáticos e resorts da NBCUniversal são um sucesso mundial que atrai milhões de visitantes nos Estados Unidos, Japão, Singapura e China. A mesma performance se dá na indústria do cinema. Empresas como Universal Pictures, Focus Features, Illumination Entertainment e DreamWorks Animation são responsáveis por recordes de bilheteria em franquias como *Minions*, *Meu malvado favorito*, *Jurassic Park* e *Velozes e furiosos*.

Desde que foi adquirida pela Comcast, a NBCUniversal se tornou uma das empresas de mídia que mais crescem nos Estados Unidos. A rede NBC tem estabelecido seguidos recordes de audiência e faturamento. Nos esportes, consagrou uma fatia expressiva do mercado com investimentos em grandes direitos esportivos para exibição no NBC Sports e no Olympic Channel, canal oficial das Olimpíadas. O grupo adquiriu os direitos de transmissão dos Jogos Olímpicos até 2032, da Copa do Mundo para o canal Telemundo, do futebol da Premier League e das partidas do futebol americano e do basquete da NBA para a NBC.

Em 2024, a Comcast NBCUniversal contava com mais de 186 mil funcionários e gerava receita de 122 bilhões de dólares, o que a transformou em uma das vinte empresas mais lucrativas dos Estados Unidos – é um número impressionante e que não parou de crescer na última década. O ranking global da revista *Forbes*, em 2020, baseado em vendas, lucros, ativos e valor de mercado, classificou a corporação como o maior grupo de mídia do planeta, à frente de outros conglomerados como Disney, 21st Century Fox e WarnerMedia.

O jornalismo da NBC é um capítulo de excelência à parte no histórico que transformou a Comcast em um colosso e criou marcos em tradição e audiência na produção de notícias. Um verdadeiro patrimônio da comunicação dos Estados Unidos. A NBC transmitiu o primeiro noticiário da história da TV norte-americana em fevereiro de 1940. Realizou as primeiras transmissões na televisão, no rádio e na chegada da TV em cores no país, por isso tem como logotipo o lendário pavão colorido. São mais de oito décadas de grandes coberturas políticas, econômicas, sociais e dos principais acontecimentos do mundo.

Hoje, a NBC detém a liderança em inovação digital, programação multiplataforma e tecnologia em produção de jornalismo. É uma rede com dezenas de emissoras próprias e afiliadas, produzindo informação diariamente em edições locais e nacionais. O histórico edifício Rockefeller Plaza, em Nova York, rebatizado como Comcast Building, abriga a redação e os estúdios-sede da NBC News.

A NBCUniversal tem várias empresas de notícias vinte e quatro horas. Além da CNBC, controla também o canal exclusivo para o streaming NBC News Now, lançado em maio de 2019, e a rede de TV MSNBC. A NBC News é responsável por toda a produção de jornalismo da rede NBC, que engloba as plataformas digitais do NBC News Digital Group.

Mais norte-americanos assistem ao jornalismo da NBC do que a qualquer outra organização de notícias no mundo. E foi dentro dessa admirável usina de notícias que nasceu a CNBC, com quem o Times Brasil assinou o acordo inédito. A empresa brasileira será a primeira no nosso país a ter um contrato de licenciamento exclusivo assinado com o líder mundial em jornalismo de negócios. Isso dá direito a acessar todas as propriedades exclusivas produzidas em todo o mundo pela CNBC em texto, foto e vídeo. A emissora brasileira ainda poderá transmitir trechos do sinal ao vivo da CNBC em caso de notícias de última hora.

Pelo acordo assinado, um repórter da CNBC dos Estados Unidos poderá trabalhar na redação da emissora em São Paulo, assim como um repórter brasileiro na sede da CNBC, em Nova York. É uma oportunidade única de uso integrado de reportagens, de um lado para outro, em uma conexão editorial primorosa que vai beneficiar a audiência em português e inglês.

Esse conteúdo completo será exibido, em primeira mão, pela empresa brasileira, na TV e em todas as plataformas digitais. Com esse contrato, toda a estrutura de jornalismo da CNBC, pela primeira vez e com exclusividade, estará à disposição dos brasileiros.

Fundei a companhia exercendo o controle majoritário das ações da nova empresa. Na CNN Brasil, eu tinha participação minoritária, como contarei mais adiante. No Times | CNBC, assumi as funções de *chairman* (presidente do Conselho de Administração) e presidente do Conselho Editorial, que terá atuação independente e seguirá padrões internacionais de isenção editorial assumidos no acordo de acionistas.

O comunicado divulgado em março de 2024 relatou a novidade ao mercado, e a história detalhada do surgimento do projeto Times Brasil | CNBC – a segunda empresa de notícias que montei em quatro anos – também será revelada mais à frente neste livro.

Com o sol batendo forte no jardim, li atentamente as notícias que chegavam, ainda sentado à mesa de casa. Ao meu lado, no chão, com olhar despretensioso, estava Mike, um cão sem raça que adotei filhote em um abrigo de Goiânia. Ele virou um companheiro amoroso e divertido desde que chegou para dividir a vida comigo e com a minha família, em abril de 2023, após ter sido abandonado, raquítico, em uma caixa de papelão com os três irmãos.

Os meus olhos passavam de linha em linha. Revezei a atenção entre o computador e o celular apoiado na mesa. Uma agitação teve início no WhatsApp e se multiplicou nas horas seguintes. Passei quase três dias respondendo a mais de trezentas mensagens de apoio e comemoração.

Lá fora, os pássaros que aprendi a observar no período de isolamento profissional davam o ar da graça. Era um casal de sabiás-laranjeiras que pousava no início da manhã e saltitava de um lado para outro no gramado, em torno de uma sibipiruna secular plantada bem no centro do quintal – eram os mesmos que fugiam de Mike nos disparos de corrida quando ele brincava pelo jardim. Pesquisei a variedade de espécie de aves que habitam a cidade de São Paulo, o que me fez, além de mais sensível às virtudes da natureza, entender o meu profundo desconhecimento da riqueza e da diversidade dos pássaros em plena metrópole. Eu não sabia que morava em uma cidade urbanamente caótica que tem mais espécies de aves que o Chile ou Portugal inteiros, por exemplo. Em São Paulo existem cerca de duzentas a trezentas espécies a menos do que no Canadá, na Europa e na Rússia, territórios obviamente muito maiores.

Também do quintal de casa, durante a minha fase "sem trabalho", cheguei a acompanhar – com certa expectativa, confesso – o nascimento e os primeiros voos de uma ninhada com três sabiás-laranjeiras engalfinhados entre os arbustos. E, devidamente municiado com a câmera do celular – para evitar desmentidos futuros dos amigos –, flagrei um raro pica-pau-de--cabeça-amarela bicando uma das árvores.

Foi o êxtase para mim.

Enfim, o período de reclusão profissional havia terminado – para a tristeza do Mike. O Times Brasil | CNBC nasceu naquele dia com o peso da inovação para a comunicação do país, pontuado pela quebra de paradigmas e pela visão de uma oportunidade singular no telejornalismo. O nome "Times", registrado para a nova empresa brasileira licenciada da CNBC, carrega o peso de uma das expressões mais consagradas da história do jornalismo mundial.

O dia 5 de março de 2024, enfim, foi o sinal verde para a organização da nossa data de lançamento e o início de diversas atividades para montagem de infraestrutura, identidade de marca e conteúdo, além de recrutamento e treinamento de jornalistas e equipes de produção em todo o país. O time teria números expressivos para gerar, mais uma vez, centenas de novas oportunidades de trabalho na área de comunicação.

O acordo exclusivo com a CNBC, assim como com a CNN, foi possível pela participação imprescindível de um jornalista norte-americano que, desde a década de 1990, é tido como um dos maiores especialistas e mais talentosos executivos em novos empreendimentos de mídia mundo afora: Gregory Beitchman.

Ex-vice-presidente sênior da WarnerMedia, onde liderou a comercialização da CNN International e de outros ativos globais da Warner, incluindo a negociação de canais da CNN em mais de onze países, Greg, como é conhecido, implantou operações licenciadas da CNN no Japão,

Suíça, Argentina, República Tcheca, Indonésia, Filipinas, Turquia, Grécia e Índia; mais recentemente, levou a Bloomberg à Europa Oriental.

Perspicaz e solícito em todos os fusos horários, Greg se tornou um grande amigo e será muito citado nestas páginas pelo valor fundamental que teve nos acordos negociados. Ele é sócio-fundador da Attention Economics, uma empresa de negócios de comunicação com sede em Londres e forte reputação em práticas comerciais e licenciamento de marcas em todo o mundo. Greg também foi líder comercial na Thomson Reuters, empresa em que atuou como editor global da Agência de Notícias Reuters e chefe de Conteúdo Multimídia. Exercendo essa função, morou na Índia, Japão, Estados Unidos e Reino Unido. Fluente em seis idiomas, entre eles japonês, chinês e hindi/urdu, é bacharel em Governo e Estudos do Leste Asiático pelo Colby College, no Maine, Estados Unidos.

A Attention Economics, representada por Greg, operou em parceria comigo na estruturação passo a passo do Times Brasil | CNBC. A experiência dele no relacionamento com os grupos internacionais e investidores estrangeiros foi fator vital nesse processo. No Brasil, também foi peça imprescindível para a implantação da CNN. Não é exagero afirmar que sem o Greg, a empresa não existiria.

Em 2018, quando comecei a planejar a implantação da CNN Brasil, Greg era um dos principais nomes da diretoria da CNN International Commercial, que era a divisão da Turner International responsável pelas operações comerciais das propriedades da CNN fora dos Estados Unidos. Todas as atividades comerciais de marcas como CNN International, CNN en Español e CNN árabe eram alinhadas internamente por meio dessa vice-presidência. Essa unidade de vendas da CNN tinha relacionamento com dezenas de afiliados, desde licenciamento de marca até contratos de fornecimento de conteúdo e serviços de consultoria.

No fim de 2021, em Nova York, em um happy hour com Greg no bar do Ace Hotel, em Midtown, relembramos os altos e baixos e as diversas idas e vindas nas negociações que resultaram no nascimento da CNN Brasil. Também especulamos o talento e o arrojo de homens de negócios que enfrentaram o improvável nas corporações de mídia pelo mundo.

— Veja este hotel. Como alguém pensou em reviver o Breslin? É uma ideia fantástica, praticamente morta no coração de Manhattan — afirmou Greg.

Ele se referia ao relançamento do Ace Hotel no mesmo edifício do Breslin Hotel, construído em 1904, quando o bairro Midtown era a "Times Square da virada do século". Aquela região foi a primeira de Nova York a ser tomada por painéis luminosos e outdoors brilhantes. A avenida do Breslin, repleta de clubes e restaurantes, ganhou o famoso apelido de "The Great White Way", em um bairro conhecido pela iluminação excessiva, vinda de teatros e outros estabelecimentos comerciais.

Havíamos acabado de retornar de uma reunião bem-sucedida em uma das sedes da CNBC, na Quinta Avenida. Estávamos brindando com cerveja.

Na decoração vintage do lobby do Ace Hotel havia toca-discos e guitarras entremeados aos sofás. As luminárias do saguão destacavam quatro colunas preservadas da construção original do edifício. Estantes de aço enegrecidas, mesas de laboratório, cadeiras escolares e poltronas inglesas se misturavam em um esforço para restaurar o ar dos anos 1970 com um toque moderno.

— Veja isto. É preciso se reinventar. A CNBC se reinventa o tempo todo, mesmo com o enorme tamanho que tem. Ela não para de crescer. A CNBC encontrou um modelo de telejornalismo diferente e moderno para continuar atraindo quem deseja consumir notícias de negócios. É genial, meu amigo! — analisava Greg. — Douglas, é como este lugar em que estamos. Aqui começou a Times Square. É preciso inovação. Olhe para aquela parte de Nova York e imagine como buscar destaque em meio a tantos painéis luminosos. Como fazer sua marca chamar a atenção no meio da Times Square?

É fato que o brilho inebriante dá o tom às ruas vizinhas da Broadway. Por todos os cantos, fachadas com néons luminosos disputam cada metro com outdoors de lojas, bares, cafés, teatros e uma infinidade de publicidade.

— Como uma empresa pode se destacar em meio a tantas luzes e brilhos? São milhares de pessoas indo e vindo, com a atenção disputada a cada instante, vinte e quatro horas por dia. Essa é a pergunta que devemos nos fazer ao nos debruçarmos sobre um novo projeto de mídia.

A resposta estava sendo construída: o Times | CNBC.

— Estamos no caminho certo, Douglas. Será um grande acerto. Mas acho que, agora, você pode controlar as expectativas e relaxar. Nada de estresse ou preocupações.

— Mas como, Greg? — perguntei, sem hesitar.

— Eu acordo às 4 horas da manhã, me coloco na posição ensinada pelos monges, faço quarenta minutos de respiração concentrada e volto a dormir — descreveu ele, fechando os olhos como se simulasse a postura de meditar. — O meu dia parece se renovar. Aprendi o poder da respiração quando morei no Japão.

— Quatro da manhã? Vou me esforçar, mas não prometo — respondi, rindo e levantando meu copo.

— Então vamos beber e comemorar. Viva a respiração! Viva o Times Brasil | CNBC!

O Times Brasil | CNBC nasceu [...]
com o peso da inovação para a
comunicação do país, pontuado pela
quebra de paradigmas e pela visão
de uma oportunidade singular no
telejornalismo.

– Douglas Tavolaro

CAPÍTULO 2

NO POWERPOINT: A CNN BRASIL NO PAPEL

C omo todos os quarentões, sobretudo os jornalistas, passei a juventude admirando a forma como as notícias eram produzidas nos Estados Unidos. Os telejornais dos canais NBC, CBS e ABC – as três maiores emissoras norte-americanas – e depois canais como a CNN e outras redes de informação vinte e quatro horas – são temas de estudo obrigatório para quem cursa Comunicação na universidade. É um tipo de conhecimento comum até mesmo para quem consome notícias apenas por hábito, trabalho ou prazer.

A TV dos Estados Unidos é a escola do telejornalismo brasileiro. Para o bem ou para o mal – e o foco aqui não é mergulhar na discussão ideológica disso –, o jornalismo do nosso país sempre foi guiado pela cartilha estadunidense. A televisão brasileira, de modo geral, desde o início nos anos 1950, sempre absorveu essa influência, tanto no desenvolvimento dos modelos de negócio e gestão das emissoras como em termos de tecnologia e características de programação, importando programas, formatos e linguagem visual. Nos telejornais, o aprimoramento técnico e os procedimentos editoriais, como formas de apuração, produção e edição das reportagens, são heranças da escola norte-americana.

Os meus primeiros anos de profissão me fizeram acompanhar a CNN de perto. As imagens da emissora ilustravam reportagens internacionais nos principais telejornais do Brasil. Nas redações, graças à TV por assinatura, era comum que os aparelhos ficassem ligados na CNN en Español ou na CNN Internacional, com a programação toda em inglês, principalmente em casos de notícias urgentes mundo afora.

Acompanhei a tragédia do atentado às torres do World Trade Center, minuto a minuto, na redação da *IstoÉ* – revista semanal na qual trabalhei antes de ser vice-presidente da Rede Record – pelo sinal ao vivo da CNN Internacional. Boquiabertos, fizemos um pequeno aglomerado em frente à TV para acompanhar as imagens do terror na manhã de 11 de setembro de 2001. O ataque com o maior número de mortos na história dos Estados Unidos causou a publicação de uma edição extraordinária da revista, em plena quarta-feira. Foi um marco, já que as revistas semanais chegavam às bancas ou eram disponibilizadas nos sites no fim das sextas-feiras. Naquela ocasião, o sinal da CNN ajudou a pautar um volume enorme de informações. Esse foi apenas um exemplo entre dezenas dos quais me recordo de ter visto a redação ligada na CNN Internacional para apoio na produção de notícias da revista.

No período em que assumi a função de diretor de jornalismo da Record, ampliei uma relação comercial com a CNN. No fim de 2004, ano em que fui promovido ao cargo, assinei a expansão de um serviço de imagens da agência CNN que durou mais de uma década. E essa parceria avançou ao longo do tempo.

A primeira vez que pensei em criar a CNN Brasil foi no fim de 2005, instigado pela predominância de apenas um canal de jornalismo no país, por certo "descaso" das empresas nacionais com um mercado tão promissor. Vislumbrei a construção de uma concorrência edificante para o país, a exemplo do que acontece em outras partes do mundo.

Era 2006, eu não tinha nem dois anos completos à frente do jornalismo da Record, e a empresa vivia um momento eufórico de crescimento e investimentos, quando conheci Anthony Doyle, então vice-presidente regional de Distribuição da Turner International. Anthony também morava em São Paulo, o que permitia que nos encontrássemos com certa frequência. A empatia e a minha admiração pelo trabalho dele foram tão fortes que, muito tempo depois, em julho de 2019, eu o convidei para ser vice-presidente de distribuição da CNN Brasil. Alguns meses antes, Anthony havia deixado a Turner após vinte e quatro anos de empresa.

Em 2005, viajamos juntos para Atlanta, na Geórgia, Estados Unidos, para iniciar as primeiras conversas com a direção da CNN com o objetivo de implantar o canal no território brasileiro. Assinamos um memorando de entendimento para evoluir as negociações. Um documento histórico que traduz as intenções de operar a marca CNN Brasil.

Em meio às reuniões de trabalho, encontramos tempo para assistir a um eletrizante jogo de basquete da NBA na então Philips Arena, rebatizada de State Farm Arena, sede do time Atlanta Hawks. O ginásio fica praticamente dentro da sede da CNN, ao lado do Centennial Olympic Park, um parque público construído especialmente para os Jogos Olímpicos de Atlanta, em 1996.

As conversas iniciais na sede da CNN foram introduzidas por Anthony, mas, como uma regra inviolável que eu conheci em minúcias ao longo do tempo, a liderança editorial tinha total e completa autonomia para tomar decisões sobre qualquer novo empreendimento da marca CNN no mundo. Aliás, nenhuma decisão em alto escalão era tomada na empresa sem o aval do time editorial.

Eu estava a caminho do encontro com a cúpula da CNN Internacional quando pisei pela primeira vez no CNN Center, o icônico prédio que serviu como sede do canal de notícias por mais de vinte e cinco anos. Era a "Disney" do jornalismo, com mais de 100 mil metros quadrados de redações, estúdios, andares administrativos e salas operacionais. No saguão, havia telas gigantes sintonizadas na CNN espalhadas pela praça de alimentação e entre as lojas de suvenir. O acesso aos escritórios era um longo passeio por uma das maiores escadas rolantes do mundo, com oito andares de altura.

Enquanto eu caminhava pelo prédio em direção às reuniões, conheci os bastidores das redações, os estúdios com transmissões ao vivo e as salas de operações de jornalismo. Um grupo de visitantes realizava um tour guiado. Os turistas pagavam um tíquete para conhecer as dependências do CNN Center e ver de perto as ferramentas para geração de notícias em TV, como o teleprompter (aparelho em que o apresentador lê o texto que é falado no ar), a bancada de um jornal em funcionamento e o mapa meteorológico.

As minhas primeiras conversas sobre o projeto CNN Brasil, durante as visitas a Atlanta, foram com Mike McCarthy, então editor-chefe da CNN International. Ele supervisionava a produção editorial, com foco nas equipes de programação e de planejamento na sede do canal.

Como a maior parte dos jornalistas da CNN, Mike McCarthy demonstrava respeito pelo Brasil. Simpático e atencioso comigo, entendia a profundidade de um projeto da CNN no país. Sempre que possível, ele e a equipe deixavam claro que acompanhavam de perto o projeto que eu desenvolvia na Record, aos poucos, peça por peça, engrenagem por engrenagem.

Tempos depois, já em 2022, reencontrei McCarthy na minha fase à frente da CNN Brasil. Ele havia se tornado vice-presidente executivo de programação e gerente geral da CNN International. Além das operações do canal em Atlanta, ele respondia pela programação, produção editorial e gestão de pessoal nos centros de jornalismo da CNN em Londres, Hong Kong, Nova York e Abu Dhabi. McCarthy também era responsável pela CNN Freedom Project, uma campanha premiada destinada a expor as atrocidades da escravidão moderna que teve início em março de 2011 e já reuniu mais de mil histórias de tráfico de seres humanos em cinco continentes.[11]

McCarthy e o time editorial dele me deram vários ensinamentos sobre a trajetória da CNN e do fundador Ted Turner. Todos falavam de Ted com certa reverência e uma admiração especial. Recordavam da liderança visionária do empresário norte-americano que, em 1º de junho de 1980, aos 42 anos, inaugurou a Cable News Network, a CNN.

As notícias de televisão nos Estados Unidos começaram no fim da década de 1940 com um formato de blocos com quinze minutos. As emissoras estavam presas a esse modelo, até que Ted surgiu com o conceito de notícias vinte e quatro horas. Todos em Atlanta contaram que, no início, a ideia foi considerada uma piada pelos executivos e empresários tradicionais do mercado. "Quem gostaria de ver tanta informação o dia inteiro?"

Com a CNN, lentamente o público da televisão começou a perceber que as notícias eram interessantes, independentemente da hora e do dia. Ninguém assistiria a jornalismo vinte e quatro horas, mas teria a opção de assistir o quanto quisesse e quando quisesse. Havia também o apelo visual da programação da CNN. E a maioria das ideias nasceu da mente de Ted Turner.

Os feitos da CNN sempre são recordados em Atlanta com ênfase, para reforçar o valor da marca. Esse meu conhecimento sobre o canal de notícias e o método de funcionamento dele aumentou a partir daquela primeira viagem, em 2005, e se aprofundou no decorrer do tempo. Até o fim de 2017, voltei incontáveis vezes ao CNN Center, participei de reuniões e simpósios com diferentes gestores da CNN em Washington e Nova York, recebi em São Paulo importantes nomes do time editorial e estreitei a minha relação com a empresa de um modo geral.

Em outra viagem que fiz para Atlanta, em um encontro com executivos da CNN, durante um almoço no lendário Ted's Montana Grill, o famoso restaurante de carne de búfalo criado por Ted Turner, dividimos experiências sobre a difícil missão das coberturas internacionais. O assunto era o tsunami do sul da Ásia, ocorrido no fim de 2004.

Também tinha sido umas das minhas primeiras experiências de coberturas de fôlego na Record. O repórter Herbert Moraes chegou a ancorar entradas direto do Sri Lanka, em mais de trinta horas de transmissões ao vivo no *Jornal da Record* e em diferentes telejornais por vários dias seguidos.

O tsunami atingiu países do Oceano Índico em 26 de dezembro e fez mais de 200 mil vítimas em questão de horas. A nossa redação estava com metade das equipes em folga de fim de ano devido às escalas de feriado, então passei a última semana daquele ano plantado na Record para acompanhar a cobertura em tempo real. Entrevistamos turistas sobreviventes que haviam viajado às praias da Tailândia e da Indonésia para aproveitar as férias. Mostramos para os brasileiros, em detalhes, o poder de destruição das ondas que arrasaram prédios, casas e carros, arrancaram árvores e varreram cidades inteiras.

Estava revivendo essas memórias com executivos da CNN no almoço no Ted's Grill. A equipe da CNN Internacional lembrou que a magnitude do terremoto foi tão grande que o fundo do mar foi elevado vários metros. Eles contaram como nasceram a ideia e os desafios da elaboração de artes gráficas que mostraram na televisão o deslocamento da água que provocou o tsunami.

Nos anos seguintes, retornei outras vezes ao Ted's Grill para saborear a carne de búfalo. No cardápio, não existe carne bovina. Hambúrgueres, bifes com vegetais e outras variações de pratos são preparados com carne de búfalo. Em várias partes do menu há um aviso de que é um tipo de alimento baixo em gordura e rico em ômega-3. A decoração permanece a mesma: uma referência aos bares clássicos do século XIX, em Montana, onde criadores de gado e barões da terra se encontravam após o trabalho no campo. Os búfalos continuam espalhados em fotos e cabeças empalhadas nas paredes.

Ao criar o restaurante em Atlanta, que hoje se tornou uma rede espalhada por várias cidades norte-americanas, Ted Turner imaginou oferecer um tipo diferente de experiência gastronômica para os apaixonados por carne – além, é claro, de gerar um negócio lucrativo que movimenta os milhões de acres de fazendas dele com rebanhos de búfalo.

Em 2024, Ted Turner completou 85 anos vivendo com a família em Atlanta.

Após a minha viagem com Anthony Doyle para Atlanta, em 2005, a ideia da CNN Brasil foi engavetada.

Eu passei a focar os meus esforços no crescimento do jornalismo da Record, mas isso não impediu que as relações com a CNN permanecessem estreitas. Desenvolvemos parcerias exclusivas em conjunto, como o uso das imagens da Record na CNN Internacional em casos de notícias importantes do Brasil. Diversos fatos do país ganharam destaque mundial na tela da CNN, durante muitos anos, com créditos para a emissora nacional.

No fim de 2017, doze anos depois da minha primeira ida a Atlanta, o projeto da CNN em território brasileiro voltou à tona. Foi quando conheci Sebastian Laver, então head de vendas e parcerias de conteúdo da CNN para a América Latina, um enérgico e prestativo executivo que morava no Rio de Janeiro antes de ser transferido com a família para Miami.

Habilidoso, Sebastian gerenciou parcerias da CNN com afiliados em países da região, incluindo distribuição, treinamento, serviços de consultoria e licenciamento de conteúdo. Depois do nosso primeiro encontro, foram incontáveis reuniões, cafés, almoços e jantares, no Brasil e no exterior, e um número sem fim de ligações e mensagens de celular até a implementação da CNN Brasil.

Nas primeiras conversas, porém, Sebastian foi frio e direto ao me dizer que via certa descrença em lançar um projeto no país. Desde os anos 1990, diversos grupos já haviam tentado a iniciativa, mas no fim sempre surgia um obstáculo em comum. Grandes empresários, banqueiros, corporações de diferentes ramos de atividade e meios de comunicação tentaram obter o direito de abrir um canal com a marca CNN, mas o projeto editorial nunca conseguia ser aprovado pelo rigoroso critério do compliance norte-americano.

Memorandos de entendimento chegaram a ser assinados, mas nenhum teve sucesso. As propostas sempre esbarravam na ausência de um plano de jornalismo e de programação fundamentado e exequível com a qualidade esperada pela matriz nos Estados Unidos.

Eu sabia que era possível montar uma empresa de notícias com a força, a credibilidade e a confiança à altura da marca CNN.

Nasceram, então, no computador da minha casa, em noites de insônia e fins de semana sem descanso, as primeiras apresentações em PowerPoint que se tornaram a origem da CNN Brasil.

É claro que quase duas décadas administrando o jornalismo da Record, com uma complexa operação com onze horas diárias de notícias na TV aberta, dezenas de telejornais locais e nacionais e mais de mil jornalistas – que se desenvolveu na minha gestão a partir de uma estrutura ínfima, como revelo mais adiante neste livro –, me proporcionaram experiência suficiente para erguer a CNN Brasil.

É claro também que eu não realizaria tudo sozinho. Na minha mente, eu já tinha um grupo de dez a quinze profissionais em potencial que poderiam compor a equipe de liderança para um futuro empreendimento. A maioria foi formada nas redações que administrei durante a minha fase na Record ou que conheci por meio de relacionamentos no mercado. Jornalistas e executivos com experiência no Brasil e que compartilhavam comigo o mesmo pensamento de como construir uma nova emissora de notícias.

As negociações com Sebastian Laver se aqueceram.

Meses depois, ele me revelou que era o momento de eu conhecer o superior imediato dele. O vice-presidente da divisão da CNN para quem ele se reportava era um jornalista que morava em Londres e que também havia sido chefe dele no emprego anterior, na Thomson Reuters.

Ele próprio: Gregory Beitchman, o Greg. O mesmo que, em 2024, foi um aliado fundamental na estruturação do Times Brasil | CNBC.

A vida é mesmo um ciclo de encontros e reencontros excepcionais.

— Dinheiro não é o mais importante. Recebemos muitas propostas financeiras para o uso da CNN. O que nunca houve no Brasil foi um projeto do nível que a marca alcançou no mundo. Você tem esse projeto, Douglas? — perguntou Greg, sempre inquieto e certeiro, na primeira vez que nos encontramos em Miami.

— Sim, tenho. E está pronto — afirmei, mirando Sebastian, que acenava positivamente.

— Ótimo. Porque queremos fazer acontecer. Vamos estar com você, mas dependemos das aprovações da liderança editorial. Será um caminho difícil, complicado, mas vamos conseguir chegar lá... juntos.

Já era início de 2018. Estava no momento de apresentar o meu projeto para as equipes editoriais da CNN nos Estados Unidos.

A visão não era animadora. Uma sequência de barreiras consideradas intransponíveis por profissionais de dentro e de fora da CNN, em uma época em que o canal de notícias vivia os traumas de um embaraçoso acordo assinado na Turquia. Após ser trocada de dono no país, a CNN Turquia estava sendo acusada de produzir jornalismo favorável ao regime autocrático do presidente Tayyip Erdoğan.

Greg e Sebastian nunca me falaram isso, mas a minha suposição, baseada na observação dos fatos, é de que havia internamente na CNN certa cobrança para a montagem de uma operação no Brasil, resultado de um movimento corporativo. A compra da WarnerMedia – a antiga Time Warner, controladora da CNN – pela AT&T havia acabado de eclodir. O mercado de mídia global estava balançado. Era uma operação colossal de mais de 85 bilhões de dólares.

O negócio, iniciado em 2016 e só completado dois anos depois com a aprovação dos órgãos reguladores, foi uma das maiores fusões já realizadas no setor nos Estados Unidos. E o Brasil era um território estratégico para o plano de expansão internacional da WarnerMedia. Entre as principais empresas do grupo formado estavam marcas como HBO, Warner Bros., DC Comics e a nova plataforma de streaming HBO Max.

O investimento da companhia em streaming abriria competição direta com concorrentes como Netflix, Amazon, Apple e Disney, como de fato aconteceu. Pelo tamanho e pela importância do mercado consumidor, o Brasil foi considerado estratégico para a HBO Max. Mas havia um grave problema regulatório que impedia a AT&T de lançar o serviço de streaming no país. Por ser dona da Sky no Brasil, operadora de TV paga, a AT&T não poderia ser proprietária de empresas que produzem conteúdo.

A conhecida e controversa Lei do SeAC (Serviço de Acesso Condicionado),[12] que regula a TV por assinatura, proíbe que uma mesma companhia tenha negócios em programação e distribuição de conteúdo. O pandemônio quase foi um impedimento, irrevogável e de última hora, para o anúncio da chegada da CNN Brasil – mas esse é um assunto para as páginas que virão à frente.

Os passos seguintes às conversas com Greg e Sebastian foram apresentar o meu projeto da CNN Brasil em várias instâncias da CNN em Atlanta, Londres e Nova York. O meu PowerPoint, e quase sempre um tradutor ao meu lado, já que o meu inglês nunca foi perfeito, foram os meus únicos companheiros naquela maratona de reuniões.

A sucessão de nomes com currículos pesados indicava as adversidades no trajeto.

No campo comercial, eu me encontrei várias vezes com Rani Raad, presidente comercial da CNN Worldwide, responsável por todas as vendas de publicidade, distribuição e negócios da CNN fora dos Estados Unidos. Fluente em árabe e de família libanesa, Rani liderava a estratégia comercial da CNN e se reportava diretamente ao lendário executivo Jeff Zucker, o então CEO global da empresa.

Outra presença comum nos encontros na CNN foi Phil Nelson, diretor de operações da CNN International Commercial. Ele gerenciava os relacionamentos da CNN com parceiros em conteúdo digital e broadcast em todo o mundo. Ex-comandante da Marinha dos Estados Unidos e com MBA pela Universidade de Harvard, Phil, como gostava de ser chamado, havia sido diretor de distribuição da Turner e da CNN na Ásia.

O diálogo com o setor comercial da CNN caminhava bem, porém a área editorial era o grande desafio. Seria ela que aprovaria ou não o nascimento da CNN Brasil.

Fui sabatinado de todas as formas possíveis e imagináveis pelos jornalistas líderes do canal de notícias. Samson Desta foi um deles. Vice-presidente da CNN Newsource Internacional, ele chegou a viajar várias vezes para São Paulo, Rio de Janeiro e Brasília para conhecer mais a fundo a minha trajetória profissional. Foram horas e mais horas de conversas. Humilde e extremamente discreto, Samson era, na minha visão, umas das figuras mais respeitosas e admiráveis entre os executivos da CNN.

Mais adiante, também recebi em São Paulo Veronica Molina, vice-presidente sênior de padrões e práticas de notícias da CNN Worldwide. A missão do departamento dela era defender a marca, os padrões de jornalismo e a independência editorial da CNN. Entre outras atribuições, Molina aconselhava líderes executivos sobre integridade no jornalismo e desenvolvia programas de treinamento sobre ética para milhares de editores, produtores e repórteres de todo o mundo. Ela foi contratada pela CNN após uma passagem de destaque no canal Telemundo, uma empresa da NBCUniversal.

A área em que Molina atuava na CNN tinha no comando um dos jornalistas de maior reputação da empresa, com quem também tive numerosos encontros no percurso de aprovação da CNN Brasil. Rick Davis era praticamente um consultor editorial para as questões mais delicadas da empresa e um conselheiro particular de Jeff Zucker. As conversas com ele foram preparatórias e decisivas para as reuniões com Jeff e, enfim, o consentimento final para o projeto da CNN no nosso país.

Tivemos afinidade logo de início. Rick era o último executivo da geração que esteve presente no dia da inauguração da CNN nos Estados Unidos e, por óbvio, era um baú de histórias magníficas e ensinamentos preciosos. Produziu a segunda hora de noticiários ao vivo na noite de estreia da CNN, no memorável 1º de junho de 1980. Oficialmente, tinha o cargo de vice-presidente executivo de padrões e práticas de notícias, encarregado de manter os padrões editoriais da CNN em todas as plataformas, mas, na prática, era muito mais do que isso.

— Douglas, certa vez eu disse em uma entrevista que tenho certeza de que assisti a mais notícias na TV a cabo do que qualquer outra pessoa no planeta — brincou Rick, logo que começamos umas das nossas reuniões.

Quando se atrasava ou não conseguia estar em nossos compromissos, os colegas comentavam que "se Rick não estava assistindo à CNN, ele estava de olho na concorrência de manhã, à tarde ou à noite, pelos últimos quarenta anos, sem parar". Rick contava que começou no jornalismo esportivo porque jogava basquete. Ele realmente é muito alto e tem porte de atleta. O primeiro emprego dele na profissão foi como assistente de produção na emissora WRC-TV, afiliada da NBC, que ficava em Washington à época.

— Era uma vaga de menos de cinco dólares por hora para meio período. Eu aceitei no mesmo momento — recordava Rick, rindo.

Ele também passava horas contando como todo o negócio mudou drasticamente desde a década de 1980.

— Não tínhamos e-mail, não tínhamos telefones celulares, não tínhamos internet nem redes sociais. Telefones fixos e bipes eram as principais maneiras de manter contato. Era um mundo que hoje parece completamente inimaginável.

Em um dos nossos encontros, caminhando pela antiga sede da CNN em Columbus Circle, no prédio Time Warner Center – agora chamado Deutsche Bank Center –, em Nova York, Rick me confidenciou como aconselhava Jeff Zucker a manter uma "postura corajosa" na corrosiva guerra entre a CNN e o ex-presidente Donald Trump.

— Jeff é um exemplo. Ele revelou Trump para o mundo e, mesmo depois de tudo que viveram juntos, olha o que ele fez com Trump — afirmou, levantando o dedo do meio. — O rigor com a informação está acima de tudo.

Rick fazia referência ao período em que Jeff Zucker transformou o ex-presidente dos Estados Unidos em uma celebridade mundial ao convidá-lo para apresentar *O aprendiz*. Há duas décadas, foi um dos reality shows mais famosos da TV, exibido pela NBC, emissora em que Jeff ocupava o cargo de presidente.

Trump explodiu de audiência como um magnata linha dura e mal-humorado, com o famoso bordão "Você está demitido". Já eleito presidente, encampou uma batalha pública contra a CNN, acusando o canal de adotar uma linha editorial contrária a ele e ao Partido Republicano.

Rick tinha um olhar especial para caçar novos talentos de vídeo. Certo dia, caminhávamos pela sede da CNN em Hudson Yards, no extremo oeste de Manhattan – edifício para onde o canal se mudou depois de Columbus Circle –, quando paramos diante de um quadro com a foto de Wolf Blitzer, um dos âncoras mais renomados da rede.

— Foi por volta de 1995. Eu identifiquei um talento em Blitzer. A postura dele e a seriedade como conduzia o trabalho o levaram a esse nível brilhante — rememorou.

Eu visitei várias vezes os estúdios da CNN em Hudson Yards quando o prédio ainda estava fechado, em reforma, antes da inauguração, em janeiro de 2019. Eu buscava um modelo técnico para as futuras instalações da sede da CNN Brasil.

Nessa nova sede, a maioria dos funcionários tem mesas e laptops, sentados ou em pé, entre cafés e espaços comunitários, com sofás e espreguiçadeiras. Em todos os andares, os escritórios têm paredes de vidro com vistas deslumbrantes do rio Hudson e do West Side de Manhattan.

— É um patrimônio e tanto. O prédio ficou um espetáculo. Tenho muito orgulho da trajetória da CNN. Mas o nosso grande valor sempre continuará sendo a confiança que o público tem no nosso jornalismo — afirmava Rick Davis.

Rick se aposentou em janeiro de 2021 após receber uma série de homenagens dos colegas de empresa. Em uma videoconferência, âncoras e correspondentes da CNN agradeceram os anos de parceria e amizade. "Como cada um de vocês, não consigo imaginar este lugar sem ele. Na verdade, ninguém nunca conheceu este lugar sem ele. Rick Davis estava aqui quando tudo começou, há mais de quarenta anos. A CNN não seria o que é sem ele", escreveu Jeff Zucker em um memorando à equipe.[13]

Ainda na etapa preparatória para a aprovação da CNN Brasil, uma das conversas mais marcantes que tive com Rick aconteceu no restaurante Hudson Yards Grill, no shopping de mesmo nome, na sede da CNN.

As palavras dele foram um estímulo para eu me lançar no novo empreendimento:

— Douglas, você é um apaixonado pelo jornalismo. Podemos sentir isso nos seus olhos, nas suas palavras, na sua vibração em fazer o projeto. Este é o espírito da CNN.

Eu agradeci, lisonjeado e, ao mesmo tempo, sentindo o peso da responsabilidade.

Não tenho dúvidas de que Rick Davis preparou o caminho para as minhas conversas com Jeff Zucker. Ainda assim, o momento não deixava de gerar certa apreensão atípica.

Jeff sempre foi uma eminência na CNN. Cada um dos executivos do canal com quem me encontrei, ao longo dos anos, sempre me contou algum tipo de episódio envolvendo o presidente mundial da CNN. Ele foi um dos executivos mais influentes da televisão americana. Comandou a NBCUniversal como CEO e presidente entre 2007 e 2011. Começou a carreira no fim dos anos 1980 como pesquisador da cobertura do canal NBC Sports nos Jogos Olímpicos de Seul, na Coreia do Sul. Depois, permaneceu dezesseis anos como diretor-executivo do programa *Today*, transformando a atração em uma das mais assistidas e lucrativas das manhãs dos Estados Unidos.

Como "número um" da NBC, Jeff liderou projetos que revolucionaram a audiência do canal, como a continuidade da lendária série *Friends*, lançamentos de sucessos no horário nobre – com programas como *Deal or No Deal* e as séries *Heroes* e *The Office* –, uma sequência de reality shows modernos e novos telejornais e programas jornalísticos espalhados pela programação. Na gestão dele, a companhia cresceu tendo "apenas" um estúdio em Hollywood, o Universal Pictures, e outras marcas de mídia que incluíam a rede NBC, um canal em espanhol, canais a cabo e parques temáticos. Nada comparado ao conglomerado em que se transformou após ser comprada pela Comcast.

A CNBC, maior emissora de notícias de negócios do mundo e a marca que desembarcamos no Brasil, já fazia parte das empresas da NBCUniversal.

Em 2013, Jeff Zucker foi convidado para ser presidente da CNN e, de pronto, renovou a programação do canal. Aplicou dinamismo e maior informalidade no formato dos telejornais e desenvolveu novas estratégias para ampliar a relevância da empresa. Implantou um estilo de gestão prático e ganhou a confiança dos jornalistas.

Rick Davis e outros executivos da CNN me contaram que Jeff havia se tornado um mestre em gerenciamento de equipes. A já famosa reunião das nove da manhã[14] que eles realizavam se tornou um símbolo do estilo de comando de Jeff à frente da CNN.

O próprio Jeff produzia a reunião como se fosse um "show à parte". Quase sempre abria os trabalhos após ler todas as notícias do dia, em todos os cantos da internet, ou com papéis na mão com rascunhos de memória ou vídeos virais nas redes sociais. Atlanta e Washington estavam sempre em videoconferência.

Outro comentário frequente era o de que Jeff se tornou conhecido pelo instinto aguçado, pela experiência criativa e pela atenção cuidadosa aos detalhes, muitas vezes ligando para a sala de operações da TV para dirigir transmissões ao vivo. Aproveitava as notícias de última hora e os furos políticos para transformar tudo em uma programação atraente para o público em geral.

Como presidente, tinha um superpoder na CNN, mas todos repetiam que, de certa forma, ele também era vulnerável. Jeff passou por graves problemas de saúde. Com menos de 60 anos, sobreviveu a dois diagnósticos de câncer de cólon e a uma complexa cirurgia cardíaca.

Nascido e criado em Miami, tinha quatro filhos e falava espanhol razoavelmente.

— *Hola, amigo. ¿Como estay o Brasil?* — me perguntava, ironicamente, ao iniciar algumas das nossas conversas.

Ao longo de todo o período de CNN Brasil, trocamos mensagens com certa frequência. Jeff gostava de acompanhar as notícias sobre a política brasileira e as novidades nas nossas estratégias de atuação no mercado. Quase nenhuma mensagem ficava sem resposta.

Um dos nossos últimos encontros olho no olho, a poucos meses da estreia do canal no Brasil, aconteceu durante o fórum Citizen By CNN, em Nova York, em outubro de 2019. Era um seminário anual promovido pelo canal, restrito a convidados, com palestras e painéis de discussão compostos de líderes das indústrias de negócios, tecnologia, filantropia e setores sem fins lucrativos sobre temas atuais da política.

No intervalo do simpósio, Jeff me chamou em uma sala privada. Com ele estavam Rick Davis, Rani Raad e uma das principias assistentes dele, que conheci naquele dia: Allison Gollust.

Comedida e gentil, Allison era vice-presidente executiva e diretora de marketing da CNN. Ela e Jeff começaram a trabalhar juntos havia mais de vinte anos, ainda na NBC. O relacionamento consensual não revelado entre os dois foi o motivo do pedido de desligamento de Jeff, em fevereiro de 2022. O anúncio chocou os funcionários da CNN. Eu estava em Miami quando soube da notícia. Jeff e Allison se divorciaram dos parceiros anteriores anos atrás.

A saída de Jeff da CNN também aconteceu pouco tempo após ele ter demitido o âncora do horário nobre, Chris Cuomo, por aconselhar indevidamente o próprio irmão, o então governador de Nova York, Andrew Cuomo, sobre como lidar com alegações de má conduta sexual. Allison Gollust era frequentemente copiada nas minhas mensagens encaminhadas para Jeff Zucker e, por vezes, escrevia como uma torcedora vibrante do projeto CNN Brasil.

De volta ao dia em que conheci Jeff, ainda em 2018, pouco antes da nossa reunião, encontramos Anderson Cooper, um dos âncoras mais conhecidos da CNN, no meio da redação em Columbus Circle. Ao sermos apresentados, a expressão sorridente dele logo surgiu:

— Eu adoro o Brasil. Tenho uma casa em Trancoso há anos. Sou apaixonado pelo litoral da Bahia.

Trocamos algumas impressões sobre as praias mais charmosas daquela parte da costa brasileira e dicas de como aproveitar melhor o Quadrado, centro histórico de Trancoso.

— Acredito que vocês vão fazer uma grande jornada com a CNN. Estarei na torcida por vocês na estreia. Será um sucesso. Boa sorte, Brasil.

Cooper mal sabia que o projeto da CNN Brasil ainda não havia sido aprovado àquela altura. Era, então, hora de encarar Jeff Zucker pela primeira vez.

Quando o avistei, Jeff estava sentado em frente ao computador, em uma sala com paredes de vidro e a porta aberta, na redação da CNN. A sala ficava no meio das mesas de trabalho, o que me chamou a atenção de imediato. O presidente da companhia dividia o mesmo espaço, lado a lado, com a equipe editorial.

Ele foi direto ao falar sobre o valor do jornalismo da CNN:

— Precisamos de comprometimento. O nosso negócio principal não são os valores financeiros que a sua empresa pode pagar. Zelar pelo nosso jornalismo não tem preço.

E as orientações continuaram de modo determinado:

— Não é uma missão fácil montar uma emissora de notícias com a credibilidade que esperamos. Você demonstrou que pode fazer isso. Teremos altos e baixos, mas você precisará ser firme para manter o jornalismo nos trilhos.

Ele me perguntou várias vezes sobre a minha trajetória no Brasil, apenas concordando com a cabeça enquanto me ouvia. Ao fim da bateria de questionamentos, me disse:

— Você, Douglas, será a CNN no Brasil. Você será responsável pela nossa imagem e credibilidade. Confiamos em você, e gostaria que tivesse consciência do tamanho e do peso dessa sua missão — disse Jeff, olhando diretamente nos meus olhos.

— Estou pronto para construir essa história no Brasil. Pode contar comigo.

O silêncio tomou conta da sala por alguns minutos. E logo os aconselhamentos editoriais retornaram, prosseguindo por horas e horas.

Em março de 2021, quando decidi a minha saída da CNN Brasil e a venda das minhas ações da empresa, comuniquei imediatamente a cúpula da CNN em Nova York, Londres e Atlanta. Após a surpresa de todos, recebi mensagens afetuosas de cada um dos executivos mencionados neste livro, a quem devo gratidão e respeito pela honra de ter participado da história de um pedaço da CNN.

Tenho uma alegria imensa em saber que a CNN Brasil, no meu período de gestão, foi considerada o modelo de maior sucesso em todas as operações de licenciamento da empresa nos quarenta anos da história dela. O alcance e a relevância do canal como fonte de informação, a estruturação empresarial e o modelo de negócio, o tamanho da repercussão e a performance editorial sempre foram citados como exemplos para a rede CNN em todo o mundo.

Selecionei apenas três mensagens que recebi da direção da companhia para representar todos os demais executivos que me enviaram agradecimentos, desejos de felicidade e boa sorte.

Em um e-mail enviado no mesmo dia do anúncio do meu desligamento da CNN Brasil, Jeff Zucker escreveu:

> *Douglas, agradeço por tudo o que fez para tornar a CNN Brasil um sucesso. Nós sempre seremos gratos pelo seu profissionalismo e amizade. Parabéns. Lançar uma rede de notícias nunca é fácil. Fazer isso em meio a uma pandemia global e causar esse impacto no primeiro ano foi extraordinário. É um orgulho ver o que a CNN Brasil construiu. Foi uma construção impressionante para tão pouco tempo de existência.*

Rani Raad, presidente comercial, também foi afetuoso:

Além de trazer o padrão do jornalismo da CNN para o Brasil, Douglas, você e sua equipe também inovaram na abordagem da produção e distribuição de notícias na TV e em plataformas digitais.

Por último, é impossível não registrar as palavras de Randall Stephenson, então CEO da AT&T, então controladora da CNN:

Douglas, parabéns por adicionar uma voz jornalística forte e independente ao dinâmico setor da mídia brasileira.

A missão estava cumprida.

Tenho uma alegria imensa em saber
que a CNN Brasil, no meu período de gestão,
foi considerada o modelo de maior sucesso
em todas as operações de licenciamento da
empresa nos quarenta anos da história dela.

– Douglas Tavolaro

CAPÍTULO 3

PÉS NA AMÉRICA: DE ATLANTA PARA A AVENIDA PAULISTA

Nos primeiros meses de 2018, após idas e vindas aos Estados Unidos, a CNN estava pronta para nascer no Brasil. Faltavam apenas algumas peças para completar o tabuleiro.

Com o PowerPoint aberto e o planejamento borbulhando na minha mente, já imaginava a CNN montada quase por completo. Eu precisava de uma empresa ágil, eficiente e atuando de maneira cooperativa na busca de resultados. O apoio da CNN norte-americana naquele período foi essencial para absorver experiências, mas, na prática do dia a dia, o projeto teria que se desenvolver com as próprias pernas.

Na minha cabeça, a gestão precisaria ter como missão a busca de rentabilidade maximizando a equação de alcance de público, relevância de marca e receitas de publicidade e novos negócios. A nova companhia teria que chegar preparada aos novos desafios e oportunidades. O jornalismo deveria ser a espinha dorsal da programação, é lógico. A relação entre TV e mídia digital deveria ser estreita e eficaz.

A estratégia de comunicação e marketing seria um pilar essencial. Parte dos brasileiros já havia ouvido falar da CNN, mas a maioria não conhecia o histórico do canal de notícias com exatidão. Era preciso ratificar o valor da marca e divulgar as adaptações que faríamos para criar uma emissora com a cara do Brasil, feita de brasileiros para brasileiros.

Do outro lado da balança, a venda de publicidade da CNN Brasil precisaria buscar soluções integradas comercializando os inventários na televisão e nas plataformas digitais. Eu tinha certeza de que o caminho seria a integração das vendas em uma única estrutura que facilitaria a entrega de soluções multiplataforma para as marcas anunciantes e alavancasse o potencial da empresa.

Seria preciso cuidar com zelo do relacionamento com os clientes e com as agências de publicidade. Eu me empenhei pessoalmente nisso, criando uma agenda de encontros com empresários, CEOs e outros líderes do mercado para apresentar a CNN Brasil e gerar relacionamento institucional, o que se aprofundou ainda mais com a chegada do Times Brasil | CNBC.

Naquele tempo, a CNN Brasil parecia já ter nascido nos meus pensamentos.

Eu conseguia imaginar a sede na Avenida Paulista. Por isso, percorri sozinho, a pé, todos os quarteirões da avenida em vários domingos e feriados, em busca de um imóvel que pudesse comportar a emissora. Nas viagens por Brasília, também vislumbrava uma redação próxima à Esplanada dos Três Poderes, em um prédio de destaque no caminho para o Congresso Nacional, o Supremo Tribunal Federal e o Palácio do Planalto. Era preciso estar perto do calor do noticiário político.

Para executar tantos planejamentos, eu tinha um organograma definido visando um grupo de profissionais com os quais gostaria de trabalhar. O time de liderança seria selecionado entre quinze e vinte nomes que despontavam na minha mente. Eram executivos que havia chefiado ou conhecido nas relações com o setor.

No caminho da escolha dos cargos de liderança da CNN Brasil, priorizei outro passo de extrema importância: a seleção dos principais apresentadores, sobretudo os que seriam os rostos do canal no horário nobre. Eu não havia nem contratado executivos para comandar a área quando me encontrei pela primeira vez com o jornalista William Waack, ainda em 2018.

Ele estava passando por um momento difícil na carreira após viver o furacão da saída da TV Globo ao protagonizar um polêmico episódio de ofensas racistas. Fomos jantar em uma mesa reservada no antigo restaurante Tre Bicchieri, no Itaim Bibi, em São Paulo, escolhido por Waack. Seguindo um hábito no nosso mercado, sempre mantive relações de amizade com jornalistas, âncoras e repórteres, mesmo de emissoras concorrentes.

Waack estava para completar cinquenta anos de profissão. Com passagens por *Jornal do Brasil*, *Jornal da Tarde*, *O Estado de S. Paulo*, revista *Veja* e TV Cultura, ele se especializou em assuntos internacionais, tendo sido correspondente na Alemanha, Rússia, Reino Unido e Oriente Médio. Cobriu acontecimentos emblemáticos como a queda do Muro de Berlim e a Guerra Fria. Teve quatro livros publicados e foi duas vezes vencedor do Prêmio Esso – um dos principais do jornalismo brasileiro –, um deles pela cobertura da Guerra do Golfo.

Na noite daquele encontro, o Tre Bicchieri estava lotado. Com ares de residência italiana, o restaurante encantava pelo charme da decoração e pela atmosfera intimista, com as pessoas sentadas próximas umas das outras.

Waack tem ascendência alemã e mede mais de um metro e oitenta. Na hora de partirmos, nos poucos passos que demos até a rua, duas ou três mesas o cumprimentaram com elogios efusivos e desejos de que ele retornasse logo à televisão. Esse foi o primeiro de vários encontros nossos até a assinatura do contrato com a CNN Brasil.

Estava decidido. O principal âncora da nossa nova empresa seria William Waack. Ele seria o nome número um do canal e comandaria o *Jornal da CNN*, que seria exibido no *prime time*.

Quando anunciamos a contratação, mais adiante, recebemos questionamentos nas redes sociais. Imediatamente, concedi declarações a vários veículos de imprensa:

— Ele cometeu um erro gravíssimo, desculpou-se publicamente por esse erro e foi punido por isso. Ficou um tempo fora do mercado. Só que não merece uma punição eterna. Ele não merece outra oportunidade profissional depois de cinquenta anos de carreira? A CNN Brasil entendeu que ele merece.

Essa sempre foi a minha opinião.

Em paralelo às conversas com Waack, avançamos nas negociações com um segundo nome para âncora da CNN Brasil: Ricardo Boechat, então apresentador do *Jornal da Band*. Uma das personalidades mais simpáticas e doces que já conheci, por vezes me fazia esquecer que estávamos no meio de negociações para um contrato de trabalho, tamanho era o prazer que tínhamos em conversar por horas sem parar.

Foram vários encontros com Boechat. Estávamos evoluindo a passos firmes para o fechamento de um acordo. A última vez que nos vimos foi em um almoço no restaurante Gero, no Itaim, a poucos metros da Avenida Faria Lima. Foi quando ele me fez recordar um episódio peculiar.

Em 2016, convidei Boechat para apresentar um novo telejornal na Record, que estrearia na faixa do fim de noite. Conversamos por semanas. A negociação quase foi fechada, mas, na hora decisiva, a Band aumentou o salário do apresentador e renovou o contrato para que ele permanecesse como âncora do *Jornal da Band*.

Meses depois, eu estava jantando com uma companhia no restaurante Piselli, no bairro paulistano do Jardins, quando, por acaso, encontramos Boechat em uma mesa com alguns amigos. Assim que chegamos, eu o cumprimentei à distância.

Estávamos pedindo as entradas quando de repente o sommelier nos ofereceu uma garrafa de Rubino di Cantavenna, um vinho tinto produzido na região italiana de Piemonte:

— É um presente do senhor Boechat.

Olhei para algumas mesas ao lado e, gentilmente, ele acenou. Mais tarde, quando estava indo embora, Boechat se aproximou, colocou as mãos nos meus ombros e disse:

— Espero que tenham gostado do vinho. Foi graças a esse moço que hoje tenho um ótimo contrato onde trabalho. Aliás, já era ótimo, e ficou ainda melhor. Aproveitem a noite — afirmou, com a risada de todos.

Já em meio às negociações para a CNN Brasil, lembramos com humor e nostalgia do episódio no restaurante. Prometi que, daquela vez, o vinho seria por minha conta, com o auxílio do conhecimento enólogo de Boechat, é claro.

Durante nossas discussões para o novo acordo, infelizmente, aconteceu o acidente que vitimou um dos mais talentosos e inteligentes jornalistas que o Brasil já teve. Eu parecia não acreditar quando recebi a notícia.

Em fevereiro de 2019, aos 66 anos, Boechat voltava de Campinas, São Paulo, onde tinha dado uma palestra em um seminário, quando o helicóptero em que estava caiu no Rodoanel e se chocou com um caminhão após uma tentativa de pouso de emergência. O piloto também morreu no acidente.

A queda da aeronave foi provocada por uma série de falhas de manutenção, segundo o relatório do Centro de Investigação e Prevenção de Acidentes Aeronáuticos (Cenipa) da Força Área Brasileira. O compressor do helicóptero havia sido trocado pela última vez há mais de trinta anos e outras peças também estavam vencidas. O laudo apontou que o tubo de distribuição de óleo estava entupido e que a troca de óleo, que deveria ser feita todos os anos, chegou a ficar três anos sem ser realizada.

Foi uma tragédia impossível de descrever.

Ao mesmo tempo que encaminhava diferentes diálogos com talentos de vídeo para a CNN Brasil, como Waack e Boechat, passei a selecionar executivos de jornalismo e de outras áreas para que encabeçassem o projeto.

Os objetivos eram claros na minha cabeça. A nova emissora precisava ser criada nos mesmos parâmetros de qualidade com os quais me comprometi na CNN nos Estados Unidos. O caminho tinha uma rota estabelecida, mas precisava ser bem executado em todas as frentes.

Eu ainda nem tinha um sócio-investidor na CNN Brasil quando fechei os primeiros nomes da equipe de liderança.

No campo editorial e de programação, o canal de notícias foi erguido com o desempenho de quatro jornalistas, líderes, igualmente brilhantes: Américo Martins, André Ramos, Leandro Cipoloni e Virgílio Abranches.

Mais adiante, outros diretores também executaram participação ímpar na CNN Brasil, jornalistas como Ellen Nogueira, Fabiano Falsi, Givanildo Menezes, Henri Karam, João Beltrão, Maria Mazzei, Roberto Munhoz e Valentina Menezes.

Na área comercial, ainda no começo de 2018, eu já tinha um nome em quem apostava todas as fichas: Marcus Vinicius Chisco. Ele tinha quase trinta anos de experiência na área de mídia e ocupava a diretoria de vendas e desenvolvimento de negócios da Record.

Uma parte desse estafe de comando permaneceu na CNN Brasil após a minha saída. Outros nomes acabaram deixando a emissora mais por "desalinhamento" – sem nenhum sentido de julgamento na expressão – com a nova presidência do que por qualquer outro motivo.

Estávamos em junho de 2018. O embrião começava a evoluir.

Faltava apenas um dos últimos passos: um parceiro financeiro para o novo negócio. Foi quando convidei o empresário mineiro Rubens Menin para ser sócio-investidor da CNN Brasil.

Eu tinha como objetivo uma lista de oito a dez investidores em potencial, mas logo de início decidi conversar com apenas dois. Na minha visão, eu não encontraria tantas dificuldades para o acerto com um empresário, um grupo empresarial ou mesmo um fundo de investimentos por se tratar de uma oportunidade rara e estratégica de empreendimento. Um canal de jornalismo somente pode existir no país com o controle de acionistas brasileiros, segundo a legislação regulatória.[15]

Abri conversas com um dos banqueiros mais notáveis e bem-sucedidos da Avenida Faria Lima. Foram reuniões proveitosas, mas que não tiveram tempo de avançar. Rubens foi rápido na resposta. Eu já conhecia o proprietário da construtora MRV e do Banco Inter por relacionamentos de mercado. Antes de completar as quarenta e oito horas após a nossa primeira reunião, na sede do Inter, em São Paulo, Rubens disse "sim" para o negócio. Contou que havia consultado os três filhos e que todos se animaram.

Semanas depois, viajei para a CNN em Atlanta com a missão de aprovar o nome de Rubens Menin como sócio-investidor. Na sequência, tivemos outro encontro, dessa vez entre a cúpula editorial da CNN e Rubens para uma espécie de "sabatina". Eu estava ao lado de Gregory Beitchman, Sebastian Laver e Samson Desta, o nome número um de conteúdo e novas parcerias da CNN Internacional.

Diante de todos, em uma sala fechada na redação de Atlanta, a pergunta de Samson foi direta:

— O senhor sabe que o compromisso maior da CNN é com a credibilidade do jornalismo?

— Sim, estou ciente disso — respondeu Rubens.

— E o senhor está preparado para fazer este negócio?

— Estou pronto.

No acordo assumido, Rubens ocupou a função de presidente do conselho de administração e eu, de CEO e *founder* da CNN Brasil, presidente do conselho editorial. Dividimos as ações, com controle majoritário de Rubens, em uma *joint venture* fundada entre a empresa da família Menin e a minha empresa.

Uma das indicações de Rubens, naquele período, foi a CFO Jercineide Castro. Após o meu desligamento, a presidência foi ocupada por Renata Afonso, que era a principal diretora da TV Tem, afiliada da TV Globo com sede em Sorocaba, no interior de São Paulo. Foram duas executivas de excelentes perfis e generosidade que contribuíram para a trajetória da CNN Brasil. Cheguei a convidar Renata para ser diretora de operações (COO) quando eu ainda era CEO, mas questões financeiras impediram o acordo.

As negociações jurídicas com a CNN dos Estados Unidos evoluíram rapidamente, em questão de meses. Em dezembro de 2018, uma semana antes da assinatura do contrato, recebi uma ligação imprevisível.

— Como assim caiu, Sebastian?

— O negócio caiu, Douglas. Recebi uma ligação do Greg agora me informando que o contrato está cancelado. Não sei o que falar. A CNN não vai mais fazer o acordo.

— E existe algo que podemos fazer? — perguntei, surpreso.

— Ainda não sei. Acabei de ser nocauteado. Greg está correndo de um lado para outro buscando uma solução de última hora.

O tom de voz desalentador de Sebastian falava por si.

Mais cedo, no mesmo dia da ligação, a WarnerMedia em Nova York emitiu uma mensagem do departamento jurídico comunicando que o negócio da CNN Brasil colocava em risco as operações do grupo no país. A interpretação dos advogados era de que, mesmo se tratando de um licenciamento de marca e conteúdo, o acordo poderia ser visto pelas autoridades regulatórias como um ato de infração.

De acordo com a Lei do SeAC, o marco legal da TV por assinatura, uma mesma empresa não pode distribuir e produzir conteúdo no país. A AT&T, que já era dona da Sky Brasil, havia acabado de comprar a WarnerMedia, que era dona da CNN e de vários canais de televisão, e aguardava autorização dos órgãos brasileiros para efetivar a aquisição.

Ironicamente, tempos mais tarde, o meu relacionamento institucional no Brasil se tornou um colaborador da vitória regulatória da AT&T. Passei meses em Brasília me encontrando com parlamentares e diretores de agências reguladoras explicando o quanto a Lei do SeAC, naquele aspecto, significava um atraso para o setor de comunicação no país.

A AT&T, através da Sky e de outras subsidiárias, gerava milhares de empregos e investia bilhões de dólares na economia brasileira há vários anos. A aquisição da WarnerMedia havia sido aprovada por todos os dezenove países onde atuava. Menos no Brasil, um dos poucos lugares do mundo onde existe esse tipo de restrição da lei.

Durante todo esse processo, dois executivos foram imprescindíveis: Karim Lesina, então vice-presidente sênior de assuntos externos e regulatórios internacionais, e Piero Bonadeo, vice-presidente do mesmo departamento na AT&T. Ambos moravam em Washington, mas ao longo de 2019 passaram vários meses no Brasil e se tornaram amigos próximos.

Nascido em Dakar, no Senegal, Karim é ítalo-tunisiano, mestre em Economia do Desenvolvimento pela Universidade de Louvain-la-Neuve, na Bélgica, e reunia mais de vinte anos de experiência em relações governamentais e no setor de comunicações em todo o mundo. Piero tinha mais de quinze anos de atuação em organizações internacionais e conhecia bem o Brasil por ter trabalhado no escritório das Nações Unidas, em Nova York, com foco em projetos sociais no Rio de Janeiro.

Os dois frequentaram a minha casa, em São Paulo, e até hoje são companheiros de bar em viagens aos Estados Unidos. Após a minha saída da CNN Brasil, eles também se tornaram importantes conselheiros para minha carreira e novos negócios, inclusive impulsionando ideias para o nascimento do Times Brasil | CNBC. Em 2024, Piero se tornou Conselheiro Executivo da Presidência no novo grupo de mídia que fundamos no Brasil.

Naquele fim de 2018, no entanto, o personagem crucial para reverter a decisão que abortaria a CNN Brasil de vez foi mesmo Gregory Beitchman. Ele passou as últimas semanas do ano escalando hierarquias, juntando pareceres e negociando reconsiderações em inúmeros e-mails e conferências, de Londres a Nova York, dentro da CNN e na WarnerMedia, para mudar a sentença dos advogados. E conseguiu.

Os papéis estavam finalizados, só faltavam as assinaturas; e um passo final da minha parte: anunciar a demissão para a Record.

Em plena semana de Natal, viajei até Portugal para apresentar o meu pedido de desligamento pessoalmente a Edir Macedo, proprietário da Record. Fiz questão de tratar o assunto olho no olho para demonstrar a minha gratidão por tudo o que vivi na empresa e como agradecimento a quem me confiou a missão de gerenciar um departamento tão estratégico por quase vinte anos.

O nosso encontro foi em um escritório no bairro de Chelas, em Lisboa. A conversa, a sós, não foi fácil.

Eu mantinha ligações telefônicas semanais com Edir. Trocávamos mensagens de texto praticamente todos os dias. Conversávamos sobre os rumos do Brasil e o cenário da política nacional. Dividíamos ideias sobre o mercado de mídia e os desafios da nossa indústria. Ele perguntava a minha opinião sobre fatos do noticiário e ouvia as minhas considerações sobre os rumos do negócio. Inúmeras ideias e projetos da Record surgiram nessas conversas.

Era uma relação estreita, produtiva e de extrema confiança, a ponto de Edir me pedir para executar projetos literários e de filme autobiográficos dele.

O que despertava a atenção nele, porém, era a musculatura que o jornalismo da Record conquistava ano após ano. Mais do que os presidentes e diretores que passaram pela emissora, ele acompanhou, degrau por degrau, toda a formação e a evolução do meu trabalho desde o meu primeiro dia no cargo. Seguia com interesse o crescimento sólido do projeto editorial e repetia o quanto considerava isso tático e vital.

Estas foram as primeiras palavras que ouvi de Edir quando o conheci em um almoço na presidência da Record, ainda em 2004. Eu não tinha sequer vinte dias no cargo.

— O jornalismo é o nosso principal ativo. É o que temos de mais relevante aqui. Eu entendo que a confiança que o público tem no nosso jornalismo é, de modo automático, repassada para todo o grupo — enfatizou.

O tom das nossas conversas sempre foi reflexivo, sóbrio e amigável, e por vezes bastante bem-humorado. No nosso encontro em Lisboa, contudo, quando falei sobre o meu pedido de demissão, Edir permaneceu sério:

— Eu sabia que o assunto seria esse. Disse isso para a Ester hoje cedo.[16] Percebi nos pedidos que você fez para se encontrar comigo. Algo me dizia que você ia partir.

Eu havia ensaiado um discurso completo que, na hora, obviamente, acabou sumariamente atropelado:

— Tenho vontade de montar meu próprio negócio. Nunca sequer pensei em sair da Record, pelo afeto que tenho pela empresa. A nossa relação é muito especial, e cuido dela com apreço e dedicação. Mas acredito em seguir esse novo caminho.

— Eu entendo, Douglas. É natural a pessoa desejar crescimento na vida. Você deve seguir o que acredita.

A conversa durou quase uma hora. Ao fim, já com o clima amenizado, completou:

— Saiba que as portas sempre estarão abertas para você. Não importa o que acontecer. Se der tudo errado, as portas estarão abertas.

Agradeci respeitosamente.

Edir ainda me pediu indicações para o meu substituto e, de pronto, citei três nomes que considerava reunirem as habilidades necessárias para a função. Todos eram jornalistas pertencentes ao quadro de direção da Record: Antonio Guerreiro, então diretor de multiplataforma; Celso Teixeira, então diretor de comunicação; e Thiago Contreira, diretor de jornalismo.

— Precisamos entender o perfil com o qual será mais fácil e rápido construir essa relação de confiança. Os três são ótimos profissionais — comentei.

— Mas se você tivesse que escolher um, quem seria? — perguntou Edir, ouvindo a minha indicação para Guerreiro.

Ele olhou para o lado e se calou, pensativo. Nas semanas seguintes, Guerreiro foi promovido a vice-presidente de jornalismo da Record.

Com Edir mais descontraído novamente, agradeci a longa parceria e os anos de amizade.

— Então, tá. Me dê um abraço — disse ele, ao se levantar e abrir os dois braços, sorrindo. — Deus te abençoe, Douglas.

Era o fim de um ciclo.

Muitos me perguntam como ficou a relação com Edir Macedo após tudo isso. Eu afirmo que, do meu lado, se mantém como uma consideração maior do que qualquer relação profissional construída com vários anos de sinergia. Nos meses seguintes à minha saída, mantivemos quase a mesma frequência em ligações telefônicas e mensagens, porém, aos poucos, isso foi naturalmente reduzido. Era complexo e constrangedor falar da Record e do trabalho dos executivos que lá ficaram. Não que Edir me incitasse a isso, mas, por vezes, os diálogos caminhavam para esse lado de maneira espontânea.

Nos últimos anos, apenas trocamos mensagens de tempos em tempos.

Muita gente dizia que a minha relação com Edir despertava certo "ciúmes" no grupo, mas eu nunca acreditei nisso. Até lendas foram criadas, como uma infinidade de relações de parentesco com Edir, as quais são motivo de piada e risadas até hoje.

Esse nível na relação de confiança não foi algo imposto, e sim construído durante o percurso de realizações na Record. Neste tempo, convivi com presidentes, vice-presidentes e CEOs com virtudes notáveis e diferenciadas, como Honorilton Gonçalves, Marcelo Silva, Marcos Pereira e Marcus Vinicius Vieira.

Com o tempo, perdi um pouco do termômetro da minha relação com Edir após viver certos episódios enquanto eu ainda estava na CNN Brasil. Uma série de reportagens da Record criticando o meu ex-sócio Rubens Menin e a construtora dele, sem muito sentido editorial, me deixaram um pouco confuso. O foco era me atingir e atingir a CNN Brasil.

Acredito que, insuflado por intrigas e algumas contratações de apresentadores da Record – profissionais que, legitimamente, trocaram de emprego em busca de condições melhores, como acontece milhares de vezes todos os dias no mercado de trabalho –, Edir pode ter se chateado. Mas nada disso, em nenhum tempo, mudou minha consideração por ele.

Algumas ocasiões especiais estão memorizadas. Quando convidei Edir para realizar a cerimônia do meu segundo casamento, em dezembro de 2017, não víamos ali o líder da empresa, e sim a pessoa que conhecemos com um pouco mais de intimidade e a quem aprendemos a estimar, sem preconceitos nem rótulos.

Foi uma festa no Buffet Charlô, em São Paulo, com mais de quatrocentos convidados, entre familiares, padrinhos e amigos, muitos apresentadores da emissora e empresários. Edir Macedo e a família permaneceram por horas no jantar, no meio do salão, recebendo cumprimentos de artistas da TV e de executivos da empresa. Foi uma confraternização como jamais houve, na qual muitos viram um lado desconhecido, "mais humano", de Edir.

De Lisboa, após sacramentar o meu pedido de demissão, peguei um voo para assinar o contrato com a CNN Brasil.

Com o PowerPoint aberto e o planejamento
borbulhando na minha mente, já imaginava a
CNN montada quase por completo. Eu precisava
de uma empresa ágil, eficiente e atuando de
maneira cooperativa na busca de resultados.

– Douglas Tavolaro

CAPÍTULO 4

TIJOLO POR TIJOLO: UM IDEAL EM CONSTRUÇÃO

Em 14 de janeiro de 2019, a CNN Brasil foi anunciada ao país. O comunicado distribuído à imprensa ganhou repercussão rapidamente. A notícia circulou em diferentes veículos. Gregory Beitchman, então vice-presidente da CNN International Commercial, registrou o entusiasmo após vários anos de altos e baixos e diversas idas e vindas nas negociações desde 2018:

> *O Brasil é um país empolgante para continuar a expansão da marca CNN. Este anúncio é parte de uma estratégia global para trabalhar com parceiros que pensam da mesma maneira e que enxergam uma clara oportunidade para produtos e serviços de notícias locais da nossa marca.*[17]

Eu fiz questão de pontuar o valor da origem da nova empresa:

> *A parceria com uma marca como essa é uma grande conquista. Deixo um dos maiores e mais importantes grupos de mídia do país com gratidão por tudo o que vivi lá e não poderia estar mais animado para esta próxima fase da minha carreira.*[18]

Era hora de colocar a CNN Brasil de pé.

Eu já estava com um plano tático em desenvolvimento para a formação de um elenco de apresentadores. Esse time era importante para o público entender a força do canal de notícias que nasceria no país.

William Waack era um nome certo para o principal jornal do horário nobre. Eu buscava, então, o reforço de um jornalista com forte presença no universo digital e cuja imagem representasse a nossa intenção de investimentos além do telejornalismo diário.

A ideia era termos um talento de vídeo para personificar a programação dos fins de semana, à frente de um conteúdo semanal de reportagens especiais. A minha procura começou meses antes da assinatura do acordo com a CNN dos Estados Unidos e o fechamento do acordo no Brasil.

Evaristo Costa era o meu alvo.

Ícone em carisma e na capacidade de atrair audiência nas redes sociais, ele combinava em tudo com a inovação da chegada da CNN ao Brasil. Mas existiam muitas barreiras que nos impediam de chegar a um acordo.

Evaristo estava praticamente "aposentado" após dois anos afastado da televisão. Em 2017, ele decidiu passar um período sabático no interior da Inglaterra, em Cambridge. Foi quando virou o jornalista brasileiro de maior influência nas redes sociais, somando, à época, mais de sete milhões de seguidores apenas no Instagram. Evaristo tinha um dos passes mais disputados entre as emissoras e repetia que não tinha intenção de voltar ao Brasil, muito menos à televisão.

Em março de 2019, Evaristo viajou ao Brasil para a gravação de uma campanha publicitária. Podíamos, assim, tentar uma cartada decisiva. Ele, eu e Américo Martins, então VP de Conteúdo da CNN, nos encontramos em um fim de tarde no restaurante Barolo Tratoria, em São Paulo. A reunião aconteceu em uma sala isolada no segundo andar, mas quase não conseguimos negociar. Cercado por fãs, ele distribuiu autógrafos para os garçons e fez selfies até com os cozinheiros.

Fechamos um pré-acordo. Evaristo queria decidir o assunto somente ao lado da esposa, na Inglaterra. Chegamos a comemorar a ocasião, brindando com champanhe.

Semanas depois, desembarquei em Londres para reuniões com a área comercial da CNN Internacional e, de pronto, pedi um novo encontro com Evaristo. A conversa para bater o martelo aconteceu na sede da CNN, no antigo edifício da Turner, na Great Marlborough Street, rua na região do Soho.

Evaristo apareceu vestindo um terno grafite, todo alinhado, algo que não fazia desde os tempos de apresentador da Globo. Ele encomendou a roupa sob medida para assinar o contrato e conhecer os estúdios do canal de notícias. Percorremos a redação e o cenário de onde a jornalista Christiane Amanpour, estrela da CNN Internacional, apresentava o programa de entrevistas. Evaristo vestia meias azul-turquesa que destoavam do terno grafite.

— Look nada óbvio, hein, Evaristo? — brinquei.

Ele riu e disse que havia cuidado do figurino, mas se esquecido do acessório:

— Fiquei horas no alfaiate para acertar as novas medidas. Acho que estou um pouquinho fora de forma.

Tratamos dos pontos pendentes para a finalização do contrato. A nossa proposta era a apresentação de um programa semanal de reportagens, diretamente da Inglaterra, chamado *CNN Séries Originais*. Seria uma atração de três documentários exclusivos, com produções nacionais e estrangeiras, para marcar as noites de domingo.

A conversa foi amistosa.

— Você pode contar comigo sempre que precisar. Tenho uma vida aqui no Reino Unido com a minha família, mas estou pronto para ajudar a nova empresa a ser um sucesso — atestou Evaristo.

Eram palavras de alguém de fato disposto a cooperar para que o projeto CNN despontasse no Brasil. E assim aconteceu durante todo o tempo que Evaristo trabalhou comigo.

A nossa conversa aconteceu na sala de Hristo Guertchev, então head de produtos da CNN, responsável pelo desenvolvimento de negócios e produtos na Suíça, Singapura e Leste Europeu. Todo engomado, Guertchev, que tem mestrado em Gestão Internacional na London School of Economics, estranhou a combinação das meias com o terno de Evaristo.

— Todo brasileiro gosta de se vestir assim? — perguntou, caçoando.

Ri, levantando os braços como um gesto de quem não tinha resposta.

Após a assinatura dos papéis, almoçamos no restaurante espanhol Copita, vizinho ao prédio da CNN. A volta de Evaristo Costa à televisão estava sacramentada. O acerto foi comemorado com tapas[19] e cervejas.

Em 4 de junho de 2019, anunciamos a contratação de Evaristo juntamente à de William Waack, que já estava com o acordo firmado.

Um dia antes do anúncio desses nomes, a nossa equipe teve a ideia de preparar uma surpresa para Evaristo: a gravação do primeiro encontro dele com Waack. Um não sabia da chegada do outro.

Eu estava na sala de reuniões em São Paulo, ao lado de Waack e de outros vice-presidentes, quando aconteceu a chamada de vídeo de Londres.

— *How nice talking to you* — gracejou Waack.

— William Waack? — exclamou Evaristo.

— Fala, Evaristo! E aí, como é que você está, cara? Que legal!

— Ó, Waack... Vou dizer que estou conversando com eles há algum tempo. E eles não me diziam o nome do outro apresentador contratado. Que legal, realmente é uma surpresa muito legal.

— Você está bem, Evaristo?

— Eu estou ótimo, muito feliz. Estou nervoso porque vou voltar a trabalhar depois de dois anos parado.

— É, voltar a trabalhar deixa a gente nervoso — brincou Waack. — Estou muito feliz. Realmente é um passo que, até algum tempo atrás, eu não imaginava dar, mas que agora me empolga muito.

— É um upgrade para a minha carreira também. Parabéns para você, pela sua assinatura de contrato. Desejo muito sucesso. Que você seja muito feliz aqui com a gente.

— Boa sorte para todos nós. Vai dar certo!

A contratação de Evaristo e de Waack foi um movimento preciso. A primeira dupla de apresentadores deu a cara inicial da CNN Brasil. O canal de notícias começou a ganhar contornos ali.

Naquele momento, os brasileiros pareciam começar a entender o tamanho do protejo que estava sendo desenhado desde o princípio. Foi um impacto visualizar dois nomes consagrados da televisão, juntos, associados à marca CNN. Ninguém imaginava isso – estratégia semelhante que repetimos em 2024 na chegada da CNBC ao Brasil, com as contratações dos âncoras Christiane Pelajo e Fabio Turci.

E era apenas o começo.

Em setembro de 2021, seis meses após a minha saída, Evaristo Costa também deixou a CNN Brasil. Sabíamos do potencial dele para alavancar o projeto, principalmente com o público presente nas redes sociais. Não tenho dúvidas de que ele foi uma peça fundamental para que a emissora conquistasse a visibilidade atingida desde o início.

O período entre o anúncio da chegada do canal, em janeiro de 2019, até o dia em que ele foi ao ar, compreendia doze meses. Alongamos esse prazo por sessenta dias para que a estreia pudesse acontecer em março, quando as emissoras costumam lançar a nova programação. Também é o período em que o mercado publicitário inicia os investimentos do ano.

O planejamento estratégico da CNN Brasil naquela fase girava em torno de dois desafios primordiais: o acerto do modelo de operação e a precisão do plano de marketing.

O modelo de operação precisava ser criado aproveitando ao máximo a vantagem de a empresa nascer do zero. Isso estava definido dentro de mim. Muitas ações nesse sentido acabaram sendo executadas após debates produtivos com a CNN dos Estados Unidos.

Ao contrário das outras emissoras brasileiras, que tiveram que se adaptar ao crescimento de diferentes mídias, a CNN Brasil havia sido projetada para nascer como uma produtora de conteúdo multiplataforma. O canal surgia já estando presente em várias telas, além da TV por assinatura. Seria muito mais que uma emissora de notícias a cabo, e sim uma difusora de informação para diversos meios de distribuição.

Outra "obsessão" que eu carregava era a de construir um novo formato de fazer televisão, utilizando o que havia de mais avançado em tecnologia no sistema de operações, otimizando e poupando gastos em departamentos não ligados à nossa atividade principal: o jornalismo.

Com o modelo de terceirização de serviços, tínhamos a chance de reduzir os custos de engenharia, desenvolvimento e gestão digital, transmissão e exibição de sinal, além de outras atividades, como captação de imagens, produção de conteúdo, chamadas e vinhetas, e até a programação – áreas intocáveis nas emissoras de TV até alguns anos atrás. A maioria dos grupos internacionais de mídia já trabalhava assim havia anos.

Outro ponto fundamental no modelo da operação foi a fabricação customizada do que havia de mais moderno em aplicativos de vídeos e de reportagens, podcasts, newsletters e site de notícias, seguindo exatamente o mesmo modelo da CNN. Eu estava convicto de que todo o formato visual deveria repetir rigorosamente as cores, as legendas e o layout consagrados do canal norte-americano. Não havia lógica em alterar um projeto com características tão marcantes e evoluídas em décadas de funcionamento.

Eu carregava no meu celular e computador centenas de imagens e vídeos, colecionados durante anos, desde quando passei a amadurecer o projeto CNN. Referências utilizadas como padrões na criação visual do canal, vinhetas de programas, estilos de chamadas, cenários, estúdios, iluminação, efeitos gráficos e até títulos de telejornais.

Quase sempre, esse material de estudo baseava as minhas reuniões com as equipes de liderança. Às vezes, eu passava horas debatendo com a diretoria algum vídeo de determinada criação da CNN, estudando como chegar à adaptação mais fiel daquilo. Os próprios norte-americanos me passavam dicas preciosas para alcançar essa meta. Repliquei esse mesmo hábito no processo de criação do Times Brasil | CNBC, como contarei na segunda parte deste livro.

O plano de marketing era o segundo passo vital no período de pré-estreia da CNN Brasil. O foco deveria ser criar um método de comunicação que transparecesse a personalidade da CNN. A marca já era mundialmente conhecida, mas precisaria se tornar próxima do mercado e do público brasileiro.

Na minha visão, a prática do branding deveria ser simples e direta: uma estratégia capaz de despertar no público o interesse pelos valores que o empreendimento desenvolve em torno de si. A nossa gestão de marca, com nome, imagens e elementos de identidade visual, como o logotipo, já falava por si.

Muita gente me pergunta até hoje como foi elaborada aquela estratégia de marketing. Eu respondo que fizemos um trabalho dentro de casa. Promovi a internalização de 100% da operação naquele período.

As decisões estratégicas e todo o plano de divulgação com o objetivo de aquecer o público para a estreia, passo a passo, sempre foram elaborados em encontros com o comitê de vice-presidentes. Parece algo muito sofisticado, mas não era. Na prática, eu me reunia com os principais quatro ou cinco executivos daquele time inicial e traçava a estratégia de divulgação pelos dez dias seguintes. Às vezes, decidia isso sozinho com um ou outro vice-presidente.

Eu chegava a aprovar textos e imagens para as redes sociais. Nenhum release à imprensa ou mensagem para os aplicativos era divulgado sem a minha aprovação direta. O canal precisava ser falado. Os apresentadores deveriam virar assunto. E, para posicionar a marca e estruturar a comunicação, entendemos que nada seria mais eficiente e veloz do que internalizar a decisão dos processos. Mais adiante, após a estreia, tivemos o apoio da premiadíssima agência AlmapBBDO, uma das maiores do país, que ajudou na construção da nossa trajetória.

Na fase de pré-estreia, tivemos o apoio de duas agências de comunicação: uma voltada às redes sociais e outra para atendimento à imprensa especializada no setor de TV e no mercado de mídia, encabeçada pelo jornalista Ricardo Frota, com quem trabalhei na Record e que também esteve conosco durante todo o lançamento do Times | CNBC em 2024.

Após a estreia, passei a contar com a ajuda valiosa do jornalista Fabio Portela, então diretor de mídia da Federação das Indústrias do Estado de São Paulo (Fiesp), que assumiu essas missões como superintendente de relações institucionais. Também realizamos um intenso trabalho de comunicação, pessoalmente, com inúmeras visitas a anunciantes e agências de publicidade. O mercado parecia ansioso por novidades e inovações.

Outra decisão estratégica que tomei, ainda no planejamento de marketing, foi a de lançar as redes sociais da CNN Brasil sem a publicação de notícias até o dia da estreia. Entendia que seria importante fazer a ativação dessas plataformas para o trabalho de gestão da marca, aproximando os brasileiros do universo CNN.

No total, foram quatorze meses de publicações nas redes sociais, quase sempre simultâneas aos releases à imprensa. Nos perfis digitais, a meta era apresentar a CNN Brasil, os apresentadores e os comentaristas, com dados históricos do jornalismo da CNN e uma espécie de "reality show", em fotos e vídeos, dos bastidores da montagem do projeto – outra estratégia repetida com o Times | CNBC.

A intenção era fazer com que o público se sentisse parte da empreitada e permanecesse na expectativa da estreia.

A chegada de Evaristo e de Waack contribuiu para o salto inicial na base digital da empresa. Segundo um levantamento à época, mais da metade das reações do público havia sido de elogios aos dois nomes. O post das contratações atingiu um número recorde no Facebook: o de maior quantidade de compartilhamentos, com mais de treze mil acessos. Teve também o maior alcance orgânico: mais de 1,1 milhão de pessoas receberam aquela informação.

Um vídeo com o primeiro depoimento de Evaristo como contratado da CNN,[20] gravado pelo celular no nosso encontro em Londres, no estúdio da âncora Amanpour, tornou-se o de maior número de visualizações no Facebook, sendo visto mais de 440 mil vezes. No Twitter, também foi o post com maior número de compartilhamentos, com mais de 3.600 envios.

A estratégia digital, de fato, se desenvolveu como um pilar essencial no embrião da CNN Brasil. Foi outra parte da estratégia traçada: dar à empresa o aspecto de modernidade desde o momento em que ela começou a engatinhar. Toda essa operação se desenrolou com uma equipe inicial de menos de dez pessoas trabalhando da própria casa até a conquista do nosso primeiro espaço fixo.

Ficamos algumas semanas instalados em um setor do Banco Inter, no Itaim Bibi, em São Paulo. Em maio de 2019, nos mudamos para um prédio situado na esquina da Alameda Santos com a Alameda Joaquim Eugênio de Lima. A ideia era estarmos próximos da futura sede do canal, na região da Avenida Paulista, de onde seria possível acompanhar as reformas e realizar visitas técnicas.

Foi ali que fiz a primeira reunião de diretoria da história da CNN Brasil. Foi um diagnóstico sobre a concorrência dos canais de notícias e as oportunidades do setor, apresentado pelo publicitário Douglas Fagotti, então recém-contratado como diretor de programação.

— Temos uma chance de crescer se o público identificar algo diferenciado. O segmento de notícias atrai os brasileiros. Os sinais são positivos — cravou, ao explanar uma variedade de dados do Kantar Ibope Media.

Ao fim da apresentação, pedi a palavra e me dirigi a todos:

— É por aí que vamos, pessoal. Seremos diferentes, com um jornalismo isento, dinâmico e vibrante. Cada dia será uma batalha, e devemos lutar com todas as nossas forças para oferecer a melhor opção de notícias ao Brasil. Vamos fazer a diferença.

Em meio à agitação da rotina na sede provisória, prosseguiram as contratações dos talentos de vídeo.

Em julho de 2019, chegou o casal de jornalistas Mari Palma e Phelipe Siani. Casal no sentido literal da palavra, já que eles namoravam fazia mais de quatro anos.

Mari apresentava boletins de notícias em toda a programação da Globo, incluindo o programa *Encontro com Fátima Bernardes*. Siani se destacou como repórter especial do *Jornal Nacional*, tendo feito participações nos principais telejornais da emissora. O casal pediu demissão ao mesmo tempo para estrear um programa no fim das manhãs da CNN Brasil.

Pouco antes, havíamos anunciado a chegada da jornalista Luciana Barreto, que trabalhava como repórter do Canal Futura, no Grupo Globo. Carioca, ganhou o Prêmio Nacional de Jornalismo Abdias Nascimento no combate ao preconceito e à desigualdade. Luciana se tornou uma das âncoras de maior evolução em tão pouco tempo no ar.

Àquela altura, as buscas pela definição da sede da empresa não paravam nem nos fins de semana. Devo ter visitado mais de trinta imóveis em todas as partes da cidade. A corrida era contra o relógio.

Encontramos, então, o prédio do antigo Banco Real, renomeado Brazilian Finance Center, na Avenida Paulista, número 1374. O local fica a quinhentos metros do Museu de Arte de São Paulo (Masp), ao lado do Parque Trianon e praticamente em frente à Fiesp. O edifício, agora retrofitado, ficou conhecido pelos paulistanos por causa das famosas decorações de Natal e pelos arcos característicos na arquitetura.

O imóvel disponível era dividido em dois mezaninos bem em frente à Paulista. Era ali. Quando pisei pela primeira vez naquele espaço, tive a certeza de que seria a casa da nossa futura empresa.

As obras começaram rápido. Na minha sala na Alameda Santos, as plantas da redação e das áreas técnicas em desenvolvimento ficavam penduradas na parede. Aquela era a imagem diante da minha mesa o tempo inteiro. Tivemos incontáveis debates com engenheiros, arquitetos e decoradores para finalizar as divisões dos espaços e o aproveitamento dos ambientes. Uma maratona e tanto.

Em 25 de novembro de 2019, deixamos o escritório provisório da Alameda Santos e nos mudamos em definitivo para a sede oficial.

O foco, então, passou a ser a escolha das operações em Brasília e no Rio de Janeiro. Na capital federal, selecionei um andar em um dos prédios mais bem localizados da cidade, a poucos metros da Esplanada dos Ministérios, do Congresso Nacional e do Palácio do Planalto.

A CNN Brasil nasceu no ano que Brasília, projetada por Oscar Niemeyer, completou 60 anos. Viajei a Brasília por meses para negociar o que até hoje é uma das principais ativações de marketing da empresa: o logotipo na fachada do prédio. A marca, estampada nos últimos andares, ocupa ponto de destaque nas avenidas que levam à Praça dos Três Poderes.

Nomes conhecidos do jornalismo brasileiro não paravam de chegar para integrar o elenco da CNN Brasil. Tínhamos urgência em iniciar os testes operacionais preparatórios para a estreia.

Em setembro de 2019, contratamos a apresentadora Monalisa Perrone, que apresentava o *Hora Um*, telejornal da Globo exibido inicialmente entre 5 e 6 horas da manhã. Devido ao sucesso de audiência, o programa ganhou uma hora, antecedendo a entrada para às 4 horas da manhã.

Monalisa também ancorava o *Jornal Nacional* nas edições de sábado.

— Eu insisti que o nosso encontro fosse neste horário por algumas razões. Nesta parte do dia, o meu cérebro funciona melhor. Preciso dormir cedo para acordar às 2h30 ou 3 horas manhã. E reservo as minhas tardes para estar sempre ao lado do meu filho — contou ela no nosso primeiro encontro, em um almoço no restaurante Bela Cintra, em São Paulo.

— O importante é que estamos aqui para tentar mudar esta situação. Queremos que você volte a jantar — tentei descontrair.

Expliquei a Monalisa os detalhes do projeto editorial da CNN Brasil e os investimentos realizados para criar um importante canal de notícias para o país.

Com o contrato assinado, dias após pedir desligamento da Globo, a jornalista foi conhecer a nossa equipe na sede provisória da empresa. Ela não sabia, mas uma surpresa havia sido preparada. Assim que entrou no escritório, Monalisa foi aplaudida de pé por todos os funcionários, cerca de cinquenta pessoas naquele dia.

— Eu vou chorar. Que coisa linda, obrigada.

Em uma das primeiras reuniões de conteúdo, na presença de Monalisa, o vice-presidente de programação, Virgílio Abranches, não perdeu o humor. Ele tinha como missão mostrar a grade de horários para todos os apresentadores e comentaristas da emissora.

— Bem, pessoal, queremos anunciar que o jornal que abrirá a nossa programação, às 5 horas da manhã, será apresentado por... Monalisa Perrone.

A risada foi geral.

Menos de quinze dias depois, ainda naquele clima de euforia e determinação, anunciamos a contratação de Reinaldo Gottino. Ele havia pedido demissão da Record e saído de um programa líder de audiência na TV aberta. Ao conhecer o escritório da CNN Brasil, outra reação inesperada com os aplausos da equipe.

— Obrigado, gente. Prazer estar aqui com vocês. Que honra, que honra.

Gottino não conseguiu segurar as lágrimas.

— Para mim, é um sonho. Esses momentos são mais complicados do que segurar qualquer transmissão ao vivo.

E completou diante de todos:

— Com vocês, vai ser ainda mais fácil, porque o time é maravilhoso. Estou muito feliz, porque a gente vai escrever uma história no jornalismo brasileiro. Obrigado. Eu estou no time, gente. *Vambora!*

A onda de talentos vindos de diferentes emissoras de televisão e de outras empresas de mídia se multiplicou, com apresentadores e analistas que ocupariam as telas da CNN Brasil.

Além de Mari Palma, Monalisa e Phelipe Siani, do Grupo Globo vieram Cris Dias, Diego Sarza, Kenzô Machida e Taís Lopes. Do SBT, Cassius Zeilmann e Daniel Adjuto. Da Band, Carol Nogueira, Rafael Colombo, Roberta Russo e Thais Heredia. Do jornal *O Estado de S. Paulo*, Caio Junqueira, Fernando Nakagawa, Iuri Pitta, Lourival Santana e Renata Agostini. Da *Folha de S.Paulo*, Raquel Landim.

De outros veículos, vieram ainda Elisa Week, Evandro Cini, Fernando Molica, Leandro Narloch, Lia Bock, Marcela Haal, Muriel Porfiro, Sidnei

Rezende e Tainá Falcão. Surgiram talentos descobertos para a TV, como os advogados Caio Copolla e Gabriela Prioli, o filósofo Leandro Karnal e a influenciadora digital Rita Wu.

Em dezembro de 2019, outro reforço estratégico: a jornalista Daniela Lima. Ela deixou a apresentação de um dos programas de entrevistas mais conhecidos da televisão brasileira, o *Roda Viva*, da Cultura, e o comando da principal coluna de bastidores políticos do país, o Painel, da *Folha de S.Paulo*.

Daniela já estava consagrada como uma das principais jornalistas políticas do Brasil. Com passagens por algumas das principais redações do país, como a revista *Veja* e o jornal *Correio Braziliense*, ela cobriu os governos Lula, Dilma, Temer e Bolsonaro.

Era o nome ideal para a ancoragem do jornalismo do fim de tarde do canal, momento em que o noticiário de Brasília ganha maior evidência.

— Tem uma coisa que me marcou muito e eu acho que não vou esquecer nunca: foi a primeira vez que eu entrei na CNN. A redação tinha cheiro de tinta fresca. Eu vou lembrar para sempre do cheiro da tinta — contou Daniela,[21] poucos dias antes da estreia.

— Está sendo uma experiência grandiosa. Todo dia, eu sonho que a gente está no ar. O que estou fazendo é transformar essa vontade em energia, porque a CNN dar certo é bom para o Brasil, é bom para a democracia, é bom para o jornalismo — acrescentou.

A experiência em coberturas políticas foi um atributo indispensável para a montagem do time da emissora, sobretudo para os repórteres. Foram selecionados quarenta profissionais de microfone espalhados em São Paulo, Rio, Brasília e nas principais capitais brasileiras.

Os exercícios de preparação mais complexos talvez tenham sido os de criar, em todos os jornalistas, a consciência de que trabalhavam em um sistema multiplataforma de produção de notícias. A função primordial era atender à demanda do consumidor em todas as telas, como já ocorria em outras grandes empresas de notícias no exterior.

Consegui repassar essa cultura corporativa primeiro para o time de vice-presidências, em parte formado por executivos que trabalharam a maior parte da carreira na TV aberta.

Para fazer a cobertura de jornalismo em todo o território nacional, por exemplo, tivemos que otimizar os custos de equipamentos. As emissoras abertas utilizam uma estrutura colossal de jornalismo produzido por dezenas de empresas filiadas e afiliadas em todo país. Algumas operações próprias da Globo, SBT ou Record têm centenas de funcionários até no interior de Minas Gerais e no sertão nordestino.

O modelo da CNN Brasil conseguia brigar pela notícia em tempo real e pela informação exclusiva, mesmo lutando contra gigantes de mídia. O primeiro passo foi montar equipes avulsas de jornalismo em várias partes do país. Para entradas ao vivo, o uso da tecnologia foi fundamental: equipamentos celulares se transformaram nos nossos instrumentos de transmissão. Os chamados kits de reportagem, compostos por aparelhos conectados a sistemas *mobile* via rede celular, eram usados por todos os jornalistas de campo.

Outro desafio prioritário nos meses que antecederam a estreia foi negociar o sinal de transmissão com as operadoras de TV a cabo. Os brasileiros precisavam encontrar o nosso canal com facilidade também no universo da televisão paga.

A Net Claro, subsidiária brasileira da mexicana América Móvil, foi a primeira a abraçar a CNN Brasil. O presidente da empresa, Jose Felix, e os executivos Rodrigo Marques, Fabio Andrade e Fernando Magalhães foram visionários em enxergar o canal que estava nascendo. Tive várias conversas produtivas com o alto comando da Claro, trocamos experiências valiosas e aprendi muito sobre os desafios da TV por assinatura no Brasil e o novo momento na indústria de mídia.

Os acordos com Sky, Vivo e Oi e as distribuidoras regionais por todo o país também avançavam. Havíamos conquistado um feito raro: o mesmo número de canal, o 577, em praticamente todas as operadoras.

A data de estreia se aproximava.

A nossa programação estava pronta. A grade privilegiava o jornalismo ao vivo, com dezessete horas diárias de notícias. Mas também teria outras atrações, como programas que mesclavam jornalismo e entretenimento, séries originais e documentários especiais.

O apoio à CNN Brasil se espalhava pelo país, vindo de todos os lados. Os primeiros patrocinadores começavam a chegar, com marcas que se tornaram anunciantes fundadores da emissora de notícias.

Em entrevistas à imprensa na época, surgiam declarações motivadoras com expectativas para o início do canal.[22]

— Acho sensacional a vinda da CNN ao Brasil. Não podia ter acontecido em melhor momento. Acompanho a CNN há muito tempo — declarou o saudoso apresentador Jô Soares, falecido em agosto de 2022.

— No caso de veículo de comunicação, a marca é um fator introdutório. A versão brasileira tem que ter características da produção original, mas totalmente tropicalizada — analisou o publicitário Washington Olivetto.

— Eu sempre tive paixão especial na televisão pelo jornalismo. A CNN é uma empresa extremamente bem administrada. Acho que no Brasil você precisa estimular a questão do jornalismo [...] é preciso uma pluralidade. Então é bem-vinda a presença da CNN — afirmou José Bonifácio de Oliveira Sobrinho, o Boni.

Boni, por sinal, teve uma participação especial nas minhas decisões profissionais no surgimento do Times Brasil | CNBC, como contarei mais adiante.

Faltavam menos de noventa dias para a CNN Brasil ir ao ar.

As reformas na sede da Paulista estavam quase finalizadas. Fiz questão de pisar pela primeira vez no prédio totalmente pronto em um domingo, com as minhas filhas Julia e Giovanna – a Giovanna, aliás, decidiu trilhar o caminho do jornalismo, e ingressou na universidade em 2024.

E esse não foi o único momento marcante no período de contagem regressiva para a estreia. Em dezembro de 2019, o elenco quase inteiro esteve junto, pela primeira vez, para uma sessão oficial de fotos em uma produtora de São Paulo.

Chovia muito no dia. Eu me atrasei por causa do trânsito que parou a cidade. Ao entrar no estúdio, encontrei um time vigoroso e cheio de entusiasmo. Semanas antes, havia reunido todos na minha casa para comemorar o meu aniversário e realizar a primeira confraternização da empresa. Foi uma noite especial, com selfies e brindes para marcar uma nova fase da televisão. Mas aquele momento da sessão de fotos foi singular. Estavam todos vestidos com os figurinos de apresentação, com maquiagem e cabelo prontos para o trabalho na televisão.

Tudo estava como se o canal fosse iniciar ali, naquele instante, em alguns minutos.

Além do foco e da confiança, havia um nítido clima de descontração, bom humor e muita energia para o novo desafio.

— É isso? A posição dos apresentadores está como você imagina? Quer colocar os mais altos mais para trás? Vamos mudar alguma coisa? — me perguntou o fotógrafo chefe do ensaio.

Eu estava em silêncio.

Os meus olhos fixaram na tela do computador, vislumbrando a nova emissora no ar. O nosso ideal estava em construção, a poucos passos de ser erguido.

Em março de 2020, a CNN Brasil estava pronta para ir ao ar. Só não imaginávamos que o mundo viraria de ponta-cabeça nas semanas seguintes.

CAPÍTULO 5

QUARENTENA NA REDAÇÃO: NO AR, A CNN BRASIL – E UMA PANDEMIA

Nunca imaginei que a estreia da CNN Brasil seria exatamente no início da pior crise humanitária enfrentada pela nossa geração.

Não havia mentes visionárias capazes de conceber um cenário como aquele para o lançamento de um novo canal de jornalismo no país. Se esses episódios não estivessem registrados neste livro para fazer parte da história da comunicação brasileira, certamente muitos pensariam que um enredo desses estaria mais para obra de ficção escrita por um dramaturgo criativo.

Foram surpresas atrás de surpresas. Um fato inacreditável seguido do outro.

Foi assim o 9 de março de 2020. Se fosse preciso resumir em poucas palavras: uma segunda-feira tensa, turbulenta, complexa. Mas também uma segunda-feira de festa e muito entusiasmo.

Acordei antes das 7 horas da manhã, um pouco mais agitado do que de costume, porque finalmente tinha chegado o grande dia: o lançamento oficial da CNN Brasil, um evento para mais de mil pessoas em um dos mais belos cartões-postais de São Paulo, a Oca do Parque Ibirapuera. A expectativa para o evento daquela noite estava nas alturas.

O dia começou nublado e abafado, enquanto mercados de ações do mundo todo simplesmente derretiam em resposta à guerra de preços do petróleo, uma queda de braço entre a Arábia Saudita e a Rússia que fez o valor do Brent despencar 25% – de cerca de 40 dólares para 30 dólares, na maior desvalorização diária desde a Guerra do Golfo, em 1991.[23]

No meio desse caos, o *circuit breaker*, famoso botão de pânico da bolsa de valores, foi acionado no Brasil e nos Estados Unidos. Por sinal, foi a primeira vez na história que isso aconteceu nos dois países no mesmo dia.

Na B3, a bolsa de valores brasileira, o *circuit breaker* interrompeu automaticamente as negociações por trinta minutos quando o índice Ibovespa caiu mais de 10% com relação ao fechamento anterior,[24] o que não acontecia desde aquele fatídico dia em que foram divulgados conteúdos dos diálogos entre o empresário Joesley Batista e o ex-presidente Michel Temer, em maio de 2017, provocando uma grave crise política no país.[25] Naquela manhã, foi tudo muito rápido. O pregão mal começou e o Ibovespa bateu em menos 10,2%, fazendo que as operações fossem suspensas entre 10h30 e 11h00 da manhã.[26]

Logo na sequência, às 11h30 da manhã no horário de Brasília e 9h30 da manhã em Nova York, a Bolsa de lá abriu o pregão já à beira de um colapso. Bastaram três minutos de gritaria para que o índice S&P 500 afundasse 7%, fazendo soar o alarme do *circuit breaker* e travando os negócios por quinze minutos na tentativa de impedir uma queda ainda mais vertiginosa. Esse mecanismo de segurança não era usado em Wall Street havia mais de vinte anos. A última vez tinha sido em outubro de 1997, no auge da crise dos tigres asiáticos.[27]

Conto esses pormenores com relação às oscilações do mercado financeiro para conseguir expressar a atmosfera completamente caótica daquela segunda-feira na Oca do Ibirapuera, que logo seria chamada pela imprensa internacional de "black Monday", "dia sangrento", "o início da loucura de março", e por aí vai. A sensação era a de que todo mundo estava estressado ou preocupado. E dava para sentir, nitidamente, toda a tensão no ar entre os empresários e políticos convidados para a festa de lançamento da CNN Brasil.

Já se sabia que a crise do petróleo era só a ponta do iceberg. Era só uma onda, entre muitas outras que ainda seriam provocadas pelo verdadeiro tsunami que crescia a cada dia: o surto do novo coronavírus.

Àquela altura, algumas regiões da China já estavam em lockdown havia mais de um mês, o que vinha diminuindo a cada dia a demanda por combustível do país mais populoso do mundo. Era por esse motivo que a indústria do petróleo vinha sofrendo desde o fim de janeiro, e as chances de esse cenário se repetir mundo afora não paravam de crescer.

À medida que as infecções rompiam as barreiras chinesas e se alastravam principalmente pela Ásia, Europa e Estados Unidos, começava a cair a grande ficha. A perspectiva para a humanidade em pleno início de 2020 era catastrófica, tanto em termos de saúde pública quanto de economia global.

Importa esclarecer exatamente o ponto em que nos encontrávamos naquela noite de festa para a chegada da CNN Brasil: eram os últimos dias da era pré-pandêmica. A semana transcorreu com a seguinte incrível ordem de acontecimentos: na segunda-feira, o lançamento na Oca do Ibirapuera praticamente como último evento com aglomeração de pessoas;[28] na quinta-feira, a Organização Mundial da Saúde (OMS) declarou a covid-19 como pandemia;[29] no domingo, a CNN Brasil foi para o ar às 20 horas;[30] e na outra segunda, uma semana depois, praticamente o Brasil inteiro iniciava a fase de isolamento que se estenderia, de maneira implacável, pelos dois anos seguintes.[31]

— Jamais houve um momento tão importante para as notícias, e jamais houve um momento tão importante para o lançamento da CNN Brasil — afirmou Jeff Zucker, presidente mundial da CNN, que, por não ter podido embarcar de Nova York para São Paulo, havia enviado a mensagem de boas-vindas por vídeo, ao qual assisti em primeira mão na minha casa um dia antes.[32]

Ele também havia me escrito um e-mail justificando a ausência e explicando as novas medidas de proteção que a CNN estava tomando nos escritórios de todo o mundo em relação ao novo coronavírus.

Além de Jeff Zucker, toda a comitiva da CNN Internacional – cerca de oito pessoas que aguardávamos para a festa – havia sido surpreendida com a notícia da suspensão do voo que os levaria dos Estados Unidos para São Paulo.[33]

À tarde, mal vi as horas passarem. Arrematei os últimos detalhes da organização do nosso evento acompanhando os *breaking news* da CNN International. Aos poucos, o noticiário internacional ia se transformando em um boletim surreal do avanço do coronavírus nos quatro cantos do planeta.

Por volta das 17 horas, chegou a notícia de que a Itália havia decretado quarentena em todo o país, impondo o confinamento social a 60 milhões de pessoas.[34] Aquele foi um divisor de águas a respeito da gravidade da situação. No Brasil, o número de casos de covid-19 confirmados até então era de vinte e cinco – era somente o início de uma trágica estrada que avançaria, de maneira impiedosa, pelos anos seguintes.[35] Em janeiro de 2023, o nosso país registrou mais de 36 milhões de casos de covid-19 com mais de 696 mil mortes.[36]

Eu me lembro de ver, pela primeira vez naquela noite na Oca do Ibirapuera, o início do uso maciço de álcool em gel que era servido em bandejas pelos garçons. As máscaras viraram acessório obrigatório do dia a dia apenas nas semanas seguintes.

Apesar do cenário desolador que começava a dar os primeiros contornos ali, a noite foi de comemoração. Foi uma feliz oportunidade poder realizar a nossa festa em um símbolo cultural e arquitetônico da cidade de São Paulo. Apelidado por lembrar visualmente o desenho de uma típica habitação indígena brasileira, a Oca é considerada o primeiro museu projetado por Oscar Niemeyer.

Do lado de fora da Oca, luzes vermelhas e azuis acendiam ao redor da icônica nave do Ibirapuera, em sintonia com as cores presentes na identidade visual da CNN Brasil. O logotipo oficial do canal, um totem de dois metros de altura com a marca da CNN, foi levado de caminhão da sede na Paulista até a entrada do pavilhão para dar as boas-vindas aos convidados.

Naquela noite, a CNN chegou oficialmente ao Brasil, recebida por cerca de 1,3 mil convidados, entre jornalistas, executivos, publicitários, políticos e as principais autoridades dos três poderes da República à época: o presidente da República em exercício, Hamilton Mourão; e os presidentes do Senado Federal, Davi Alcolumbre; da Câmara dos Deputados, Rodrigo Maia; e do Supremo Tribunal Federal, Dias Toffoli. Também estavam presentes os governadores de São Paulo, João Dória; do Rio de Janeiro, Wilson Witzel; de Minas Gerais, Romeu Zema; e do Distrito Federal, Ibaneis Rocha.

A cerimônia foi realizada no auditório localizado no subsolo da Oca. Montamos um palco de quase 130 metros quadrados, com uma megaestrutura de multitelas que reproduziam o conceito do canal – dali, estreamos em grande estilo. Encabeçados por Monalisa Perrone e William Waack, os âncoras do novo canal se revezaram na condução do evento, comprovando ao vivo e a cores que o nosso time estava afiado, que tinha química e, acima de tudo, que não via a hora de entrar no ar para valer.

No discurso de abertura da cerimônia, falei sobre a missão de fazer jornalismo da melhor qualidade: isento, transparente, rigoroso. Afirmei o compromisso de cumprir um processo técnico de apuração e checagem antes de publicar cada informação, assim como o de ter opiniões plurais dos nossos analistas e comentaristas, buscando sempre isenção e equilíbrio. "O interesse que nos move sempre será o da sociedade", declarei.

Fiz questão de destacar os nossos pontos fortes e pontuar o ineditismo daquela empreitada: "A implantação da CNN Brasil foi marcada até aqui por duas palavras: planejamento e paixão. Temos um novo modelo como empresa de mídia e um time de primeira linha para oferecer ao mercado uma nova opção de jornalismo, diferente de tudo o que temos hoje no Brasil."[37]

Também agradeci o apoio dos patrocinadores (Santander, Cielo, Volkswagen, 99, IBM, Magazine Luiza, Nestlé, entre outros), das empresas de distribuição (Claro/Net, Sky, Oi e Vivo) e de todos os anunciantes, marcas e representantes do mercado publicitário que estavam conosco, sem os quais não haveria jornalismo de qualidade.

Em seguida, o público assistiu às boas-vindas de Jeff Zucker por mensagem de vídeo:

> *Eu sou Jeff Zucker, chairman da WarnerMedia News & Sports e presidente mundial da CNN. Assisti, com grande interesse, aos planos para a CNN Brasil tomarem forma nesse último ano, transformando esse projeto em realidade.*
>
> *O lançamento da CNN Brasil inaugura a criação de uma das maiores parcerias filiadas à CNN, prometendo um novo tipo de notícia, produzido por brasileiros, para brasileiros. Meus parabéns ao Douglas Tavolaro e seu time, que se preparam para ir ao ar. Boa sorte com o lançamento e sejam bem-vindos à família CNN.*[38]

Randall Stephenson, o presidente mundial da AT&T, fazia parte da comitiva que não conseguiu embarcar para o Brasil naquela manhã. Assim como Jeff, ele transmitiu um recado por mensagem de vídeo:

Olá, sou Randall Stephenson, chairman e CEO da AT&T. Gostaria de estar pessoalmente aí com vocês para dizer como estou animado pelo lançamento da CNN Brasil.

Quero agradecer ao Douglas Tavolaro e sua equipe por acrescentar esta voz tão forte num ambiente tão dinâmico de mídia, no Brasil.

Um valor duradouro aqui na AT&T é abraçar a liberdade numa imprensa livre e aberta. Em qualquer lugar em que operamos, a CNN incorpora esse valor como o nome mais confiável em notícia, e isto continuará no Brasil.

Obrigado a todos vocês por celebrarem conosco, este é um grande dia para o Brasil, para a CNN Brasil e para a AT&T.[39]

Em seguida, o então presidente da República em exercício subiu ao palco para discursar. Os líderes do Senado, da Câmara e do STF também fizeram pronunciamentos. A festa continuou com os apresentadores anunciando os detalhes da operação. Cada um contava um pouco do universo multiplataforma, do projeto editorial, dos telejornais, das atrações da TV e do digital, além de muitas outras novidades. Passo a passo, anunciamos o caminho que começaríamos a trilhar nos dias seguintes.

No domingo, 15 de março, às 20 horas, a CNN Brasil foi ao ar. Eu acompanhei tudo dos estúdios da Paulista.

O aperto do botão "play" trouxe um filme de volta à memória. Estava tudo ali, concretizado. Ou melhor, estava tudo se concretizando ao vivo, minuto a minuto. Era uma nova etapa do jornalismo brasileiro, assim como uma nova etapa na minha vida.

Abrimos a nossa transmissão com a cobertura completa do início da pandemia de covid-19, que já impactava boa parte do mundo e começava a afetar a rotina de muitos brasileiros.

Não há explicação para o fato de a CNN Brasil ter estreado na mesma semana que o surto de covid-19 se tornou uma pandemia mundial. Desde o nosso primeiro dia no ar, não houve alternativa a não ser mergulhar em uma verdadeira cobertura de guerra para informar o público sobre o vírus e os impactos que ele estava gerando. Rapidamente percebemos que aquela seria a pior crise de saúde pública da nossa geração.

Foi um enorme desafio, porque a complexidade de colocar uma operação de TV ao ar por si só já é muito grande. Tínhamos planejado por quase dois anos toda a estratégia de operação e programação de estreia. Tínhamos montado uma rota de voo, com um norte a seguir, tudo baseado em uma grade diversificada, com atrações que atendessem a todos os tipos de público. E tivemos que, em uma semana, virar tudo 180 graus, fazendo uma megacobertura da pandemia.

Além do desafio de mudar toda a programação da estreia, houve a difícil missão extra de colocar essa operação gigantesca em pé, muitas vezes chegando a vinte horas seguidas ao vivo, com uma pandemia acontecendo a pleno vapor nas ruas e dentro das redações. Tudo isso tendo em mente que a nossa primeira obrigação era preservar a vida e manter o bem-estar dos nossos jornalistas, câmeras, técnicos, operadores e outros colaboradores.

Como empresa, lidamos com o coronavírus de perto. Tivemos mais de duzentos casos de funcionários infectados, e cada um deles foi motivo de preocupação. Felizmente, nenhum se agravou. Seguindo os protocolos sanitários, passamos a usar máscara, álcool em gel, a manter distâncias de segurança tanto nos bastidores quanto em frente às câmeras. Antes de 2020, ver um repórter fazendo uma passagem ao vivo de máscara era algo impensável, mas de repente estávamos em outro mundo, onde o impensável passou a ser normal.

Olhando para trás, vejo que atravessamos os primeiros e mais intensos meses da pandemia de maneira vitoriosa. Conseguimos colocar uma operação *all news* em pé em plena quarentena, ao mesmo tempo que cumprimos um papel social de prestação de serviço necessário naquele momento histórico, levando informação correta aos brasileiros, que navegavam em um mar de incertezas, medo e desinformação.

A pandemia fez a audiência da CNN Brasil crescer de modo acelerado na TV e nas plataformas digitais. No nosso primeiro aniversário, não faltavam motivos para celebrar.

Fazer uma festa, obviamente, estava fora de cogitação. Nenhuma comemoração parecia fazer sentido naquele momento. No ano anterior, o brasileiro tinha sido obrigado a adiar muitas comemorações, de aniversários a casamentos, Natal, Dia das Mães, Dia dos Pais e tantas outras.

Decidi não fazer uma comemoração de aniversário de um ano da CNN Brasil. Em 15 de março de 2021, uma segunda-feira, às 20 horas, fizemos apenas um gesto, ao vivo, nas redações de São Paulo, Rio e Brasília: um minuto de silêncio, em nome de todas as vítimas e todas as pessoas que perderam familiares e amigos para a covid-19.

Além do desafio de mudar toda a programação
da estreia [da CNN], houve a difícil missão extra
de colocar essa operação gigantesca em pé,
muitas vezes chegando a vinte horas seguidas
ao vivo, com uma pandemia acontecendo a
pleno vapor nas ruas e dentro das redações.

– Douglas Tavolaro

CAPÍTULO 6

DIREITA OU ESQUERDA?: A LINHA EDITORIAL DE UM BRASIL DIVIDIDO

Ela chegava sempre sozinha, uma ou duas vezes por semana. Uma mulher com um cartaz na mão ficava parada no canteiro central da Avenida Paulista. No cartaz, havia um desenho do logotipo da CNN envolvido pelo símbolo comunista da foice e do martelo. Embaixo, escrito: CNN COMUNISTA.

A mulher protestava todas as semanas, sem falta. Eu a avistava da minha sala e tentava imaginar o que passava pela cabeça dela. Era uma dúvida genuína, uma reflexão que eu fazia com real intenção de autoanálise, afinal, desde a ideia da criação da CNN Brasil, eu considerava vital transmitir ao público que o nosso pilar era sempre exibir jornalismo com independência e completa isenção editorial. Foi o mesmo ímpeto que me moveu depois para fundar o Times | CNBC.

Em 2019, manter a postura de neutralidade se tornou ainda mais importante quando a agência que media a repercussão das nossas notícias na internet nos alertou para um traço marcante: a maioria dos comentários a respeito da vinda da CNN ao Brasil era de pessoas curiosas em relação à linha editorial que seguiríamos.

Havia a desconfiança de que a emissora adotaria o mesmo tom dos noticiários da CNN norte-americana, que, para a maioria, era de críticas ao então presidente dos Estados Unidos, Donald Trump. Ou seja, em tese, poderia estar nascendo um novo canal de críticas ao agora ex-presidente Jair Bolsonaro. Por outro lado, as redes sociais estavam repletas de especulações de que seríamos um canal de direita, favorável ao governo da época. As suposições se multiplicavam com um nível incrível de invenção, incluindo até teorias da conspiração.

— Não seremos de esquerda nem de direita. Faremos jornalismo.

Essa foi de longe a frase que eu mais repeti naquele período. Não se tratava somente de declarar a nossa linha editorial ou de ter um posicionamento pessoal: eu desejava defender a imparcialidade como uma característica intrínseca da atividade jornalística, sem a qual a imprensa não cumpre nem mesmo o papel mais básico, que é oferecer à sociedade informações confiáveis.

Imparcialidade implica evitar qualquer viés ou interesse que possa prejudicar a integridade da cobertura jornalística. É claro que existe uma profunda discussão a respeito de ser impossível alcançar a imparcialidade absoluta, já que são inúmeras as variáveis subjetivas que influenciam cada veículo, jornalista e notícia. O fato incontestável é que uma redação pode seguir práticas editoriais que beneficiem um noticiário isento, plural e equilibrado, caso esse seja realmente um ideal almejado.

Ser imparcial é questão de ética, mas também de sobrevivência. Por isso, logo nos primeiros meses de CNN Brasil, decidi implantar um Conselho Editorial totalmente independente do Conselho de Administração, descrito e assinado em um acordo de acionistas, para blindar o jornalismo. A formação desse Conselho teve a anuência da CNN nos Estados Unidos e foi divulgada em um comunicado à imprensa, como conto logo mais neste capítulo.

Praticar jornalismo sério, isento e sem costuras ou agendas políticas de qualquer viés ou motivadas por interesses de qualquer empresa de lobby é inegociável.

Existe uma história clássica sobre como a imprensa norte-americana quase caiu no completo descrédito em meados do século XIX, após décadas de prática irrestrita de um jornalismo ideológico e ultratendencioso. Na época, que ficou conhecida como a era da imprensa partidária, praticamente todos os jornais dos EUA eram controlados por partidos políticos, utilizados como ferramenta para influenciar a opinião pública e ajudar a alimentar a polarização entre republicanos e democratas. Com o passar do tempo, ficou nítido para os leitores que as notícias eram frequentemente distorcidas ou exageradas para reforçar posições políticas, até chegar ao ponto (extremamente perigoso) em que as pessoas simplesmente não confiavam mais nos jornalistas.

Assim surgiram os primeiros veículos voltados para uma parcela da audiência cada vez mais interessada em informações neutras, como o *The New York Times*, que na virada para o século XX se consolidou como modelo exemplar de um novo tipo de jornalismo comprometido com a independência editorial, o rigor da checagem e o equilíbrio na cobertura dos fatos.

Foi com essa novidade – uma nova era guiada pelo ideal da imparcialidade – que a imprensa norte-americana aos poucos conseguiu recuperar a confiança do público e se estabelecer como instituição indispensável à democracia. Desde então, isenção e objetividade são consideradas requisitos centrais da credibilidade jornalística em todo o mundo. A credibilidade, por sua vez, é a chave para o êxito nos negócios.

Falando assim, pode parecer simples, mas em pleno século XXI ainda temos muito para caminhar quando o assunto é a integridade da mídia.

Para se ter uma ideia, no momento que a CNN Brasil nascia, uma pesquisa realizada pelo instituto Ipsos em 27 países mostrou que 60% dos entrevistados observavam com frequência os meios de comunicação deliberadamente dizendo algo que não era verdade. No Brasil, a percepção de que os jornalistas profissionais não eram fontes confiáveis de informações estava acima da média global: era isso o que pensavam 73% dos entrevistados, ou seja, quase três a cada quatro brasileiros.[40]

O crescimento vertiginoso das redes sociais e dos aplicativos de compartilhamento de mensagens torna a situação ainda mais complexa. Por um lado, a popularização desses espaços públicos enriquece o diálogo na sociedade, dando voz a grupos de todas as tendências e trazendo à tona questões muitas vezes ignoradas pela imprensa tradicional; por outro, possibilita a disseminação sem precedentes de intolerância, violência, notícias enganosas e todo tipo de desinformação.

Como conquistar a confiança de uma nova audiência em meio a esse cenário de descrédito generalizado? Eu sabia que esse seria um dos grandes desafios da implantação da CNN Brasil, assim como uma oportunidade única.

Eram essas as reflexões que me vinham à mente quando, em meio à contagem regressiva para o lançamento do canal, recebi o convite para participar da edição especial de dez anos da revista belga *Our World*, um calhamaço sofisticado com a proposta de pensar o futuro do mundo a partir de artigos assinados por cem personalidades de destaque em diferentes campos de atuação.

No texto que abriu a coletânea da *Our World*, o primeiro-ministro da Grécia, Kyriákos Mitsotákis, escreveu sobre a necessidade de enxergarmos "além da retórica dos demagogos, tanto de esquerda quanto de direita, e transcendermos a política do medo e do ódio". Na sequência, o então presidente do Parlamento Europeu, David Sassoli, pontuou a importância de vivermos em uma "sociedade pluralista e empenhada no diálogo".

Em um artigo intitulado "O poder transformador do jornalismo", falei sobre a crise global da mídia, enfatizando a necessidade de apontarmos caminhos para o fortalecimento da imprensa na era da desinformação. Reconheci os erros muitas vezes cometidos pelas redações, que exigem autocrítica e correção, mas também ressaltei a necessidade de reafirmarmos as virtudes do jornalismo profissional, compromissado com a verdade dos fatos:

> *A sociedade precisa saber qual é o trabalho do jornalismo e que ele é feito com base em apuração, pesquisa e investigação.*
>
> *A sociedade precisa saber que o jornalismo é um instrumento de proteção e defesa da democracia e da liberdade de expressão, com responsabilidade e correção.*
>
> *Neste momento de questionamentos, é crucial que a mídia reafirme a cada instante os valores fundamentais do bom jornalismo, relatando os fatos de forma imparcial, independente, equilibrada e isenta.*

Como fundador da CNN Brasil, assumi o compromisso de adotar exatamente os mesmos princípios da CNN matriz, que, à época, adotou o lema "Facts First" ("Fatos primeiro", em tradução livre) como principal arma da guerra contra as fake news. Seja qual fosse a circunstância ou o preço a pagar, a nossa missão seria a de informar com neutralidade, equilíbrio e precisão. Isso não queria dizer que deixaríamos de levar ao público análises e reflexões, mas sim que tínhamos o dever de distinguir claramente fatos comprovados de opinião editorial, sempre privilegiando o factual.

No *newsroom* da CNN Brasil na Avenida Paulista, pedi que escrevessem o manifesto "Facts First" em um grande painel, para que todos pudessem ler e reler. Ao dar destaque a essa declaração, o meu objetivo era fazer que cada profissional ali se lembrasse constantemente do nosso compromisso primordial com a verdade dos fatos. Todo o resto vinha depois disso.

O Conselho Editorial, como já comentei, foi uma solução inspirada no posicionamento ético adotado pela AT&T logo após aquisição da CNN original, quando a companhia fez questão de anunciar publicamente e de maneira incisiva que manteria a independência editorial do canal. Da mesma forma, eu sabia que precisávamos anunciar (e garantir, é claro) a liberdade da nossa redação.

A criação do órgão foi aprovada pela totalidade dos acionistas da CNN Brasil por meio de uma assembleia geral extraordinária e passou a fazer parte das condições do nosso acordo estatutário. Também foi comunicada oficialmente à presidência de Jornalismo da Warner Media e, finalmente, estabelecida em ata com a CNN nos Estados Unidos.

A mensagem que queríamos transmitir, desde o nascimento da emissora, era clara: acionistas, acionistas; jornalismo à parte.

Eu fazia parte tanto do Conselho Administrativo quanto do Editorial. Após a minha saída da CNN Brasil e a venda das minhas ações, o Conselho Editorial deixou de existir como estatuto do acordo de acionistas da empresa. Isso foi decidido nos dias em que negociei minha partida. O grupo passou a constar apenas como um procedimento interno, sem a força de um acordo estatutário.

Em uma reportagem publicada na *Forbes Brasil* sobre a chegada da CNN Brasil, fui questionado sobre como esperava manter a imparcialidade da linha editorial. Eu disse que essa era uma questão que vinha sendo feita desde que o projeto havia se tornado público:

— A CNN Brasil tem falado e vai falar muito sobre política. Temos repórteres, analistas e comentaristas tratando do tema o tempo todo. Mas não teremos um "lado" político. Nosso lado é o jornalismo.[41]

De fato, apesar de inúmeros questionamentos sobre um suposto posicionamento político – incluindo aí o protesto da mulher com o cartaz na mão do outro lado da Paulista –, a resposta para mim sempre foi muito simples: o nosso noticiário deveria ser equilibrado e politicamente diverso, assim como é diverso por natureza o cenário político em uma democracia.

Na nossa primeira noite no ar, em poucas horas de sinal aberto para todo o país, entrevistamos todos os presidentes de Poder do Brasil.

Eu sempre considerei essencial oferecer ao público essa intimidade e diálogo aberto com as maiores autoridades da República, responsáveis por boa parte das decisões que afetam o dia a dia e o futuro do país. Naquele momento, mais ainda: essas exclusivas da CNN ajudaram a evidenciar uma profunda desarmonia entre os Poderes, com direito a troca de farpas e inúmeros conflitos deflagrados em pleno ar.

No domingo, 15 de março, inauguramos a nossa cobertura política com uma reportagem sobre as manifestações pró-Bolsonaro ocorridas em diversas cidades do país, destacando o fato de o presidente ter comparecido a uma aglomeração em Brasília, onde cumprimentou apoiadores sem tomar os devidos cuidados de prevenção contra o coronavírus.[42]

A postura do então presidente contrariava as recomendações do próprio Ministério da Saúde, o que motivou diversas críticas, devidamente noticiadas pela CNN.

Justamente nesse contexto, com o objetivo de apresentar a própria defesa, o ex-presidente Jair Bolsonaro pediu para entrar ao vivo no link do nosso repórter de plantão em frente ao Palácio da Alvorada dias depois. Nessa entrevista, Bolsonaro foi questionado sobre o ocorrido e pôde expressar o próprio ponto de vista.[43] Na sequência, ainda exibimos uma entrevista com o ministro da Saúde, Luiz Henrique Mandetta, na qual ele reafirmou as recomendações de segurança para a população e condenou a postura do então presidente.[44]

Como declaramos em uma nota oficial divulgada à imprensa no dia seguinte: "Ouvir os dois lados e dar direito de resposta são princípios básicos do jornalismo e fazem parte do manual de práticas da CNN em todo mundo".

Considero que esse foi, logo de cara, um ótimo exemplo de como poderíamos praticar um jornalismo profissional, equilibrado, respeitoso e com diversidade de ângulos. Tudo para cumprir o objetivo de informar melhor os brasileiros.

Na primeira semana, entrevistamos ainda Sergio Moro, então ministro da Justiça e da Segurança Pública de Bolsonaro; os governadores de São Paulo, João Doria, do Rio de Janeiro, Wilson Witzel, e de Minas Gerais, Romeu Zema; além de alguns dos principais nomes da oposição da época, como Ciro Gomes, Guilherme Boulos e Manuela D'Ávila.

Também conseguimos novamente uma entrevista com o presidente – dessa vez, com hora marcada e do lado de dentro do palácio.[45] Em abril, outra exclusiva ao vivo de Bolsonaro para a CNN envolveu um bate-boca com o presidente da Câmara através das telas da emissora.[46]

Questionado pelo repórter se havia falta de diálogo entre os poderes, o presidente respondeu com duras críticas específicas a Rodrigo Maia: "O Brasil não merece a atuação dele dentro da Câmara. [...] Não é o Parlamento brasileiro, é a atuação dele. Rodrigo Maia, péssima a sua atuação".

Quando vi a declaração ao vivo no ar, olhei parado, boquiaberto, para os executivos de jornalismo que estavam em reunião na minha sala.

— Como assim? Foi isso o que eu ouvi? Um soco no olho do Maia?

Momentos depois, Maia entrou ao vivo na CNN para responder Bolsonaro: "O presidente ataca com um velho truque da política, para mudar de assunto. Para nós, o assunto continua sendo a Saúde. [...] O presidente não vai ter, de mim, ataques. Ele nos joga pedras, mas o Parlamento vai jogar flores para o governo federal".[47]

Na ocasião, o embate principal girava em torno das medidas que seriam adotadas frente à crescente ameaça do coronavírus. A bola da vez era o pacote de auxílio financeiro aos estados, aprovado na Câmara dos

Deputados "a despeito dos gritos da equipe econômica", conforme noticiamos na época.[48]

Em meio ao crescente desafio da cobertura da pandemia, ainda falamos com Bolsonaro em várias outras oportunidades. Muitas dessas entrevistas repercutiram no exterior através da nossa parceria editorial com a CNN International. O presidente Lula também foi ouvido pela CNN Brasil, em repercussão a entrevistas concedidas por ele à CNN Internacional, como fruto da nossa parceria editorial.

No exato dia em que a CNN completou cinco meses no Brasil, publiquei outro artigo na *Folha de S.Paulo*: "Por que a CNN acredita na diferença de opiniões". Nesse texto, arrisquei afirmar que nenhum outro veículo de comunicação do país promovia com tanta regularidade o embate de pensamentos entre pessoas com perspectivas diferentes.[49]

O Grande Debate, um dos marcos da nossa estreia, continha justamente a essência que sempre imaginei para a CNN Brasil: ser plural e relevante. A minha ideia surgiu a partir do formato de sucesso inspirado no *The Great Debate* da CNN dos EUA, em que dois analistas com visões diametralmente opostas discutem livremente temas fundamentais para o país.[50]

Há tempos eu pensava que uma versão brasileira da atração tinha tudo para ser um sucesso por aqui, mas para isso teríamos que acertar em cheio na escolha dos comentaristas: eles precisariam ter poder retórico, assertividade e muito gás para enriquecer os diálogos. E assim aconteceu com a advogada Gabriela Prioli, o comentarista Caio Coppolla e outros nomes sempre mediados pelo talento do âncora Reinaldo Gottino.

Rapidamente, *O Grande Debate* passou a ser um dos líderes de audiência e a marca registrada da nova emissora. Certo dia, piscou no meu celular uma notícia que iniciava com a seguinte frase: "O Brasil teve dois assuntos principais na semana que passou: coronavírus e *O Grande Debate*".[51]

Brincadeiras à parte, no fim de março, mesmo em meio ao caótico início da quarentena em boa parte do Brasil, de fato um dos assuntos que mais repercutiram na internet foi a discussão política em torno da pandemia. E a CNN Brasil abriu os microfones para opiniões diferentes e contraditórias, buscando o tempo todo o máximo possível de isonomia. Passaram pelos programas de debate da emissora nomes como Sidney Rezende, Alexandre Garcia, Augusto de Arruda Botelho, Thiago Anastácio e Renata Barreto.

A vacina também gerou ilações sobre a linha editorial da CNN Brasil. No início de janeiro de 2021, enquanto o presidente Jair Bolsonaro e o governador de São Paulo, João Doria, brigavam publicamente sobre quais seriam as melhores estratégias com relação à imunização da população, demos início à campanha #CNNpelavacina.[52]

Nos intervalos da programação da CNN Brasil, autoridades de saúde davam declarações defendendo a vacinação acima da política. Enquanto isso, Bolsonaro dava declarações públicas contra a vacina.

Quando os primeiros cinquenta países iniciaram a imunização, criamos o Painel da Vacina, um infográfico que mostrava a bandeira de cada nação que já estava na lista. O Brasil aparecia na imagem com um X vermelho, indicando que a vacina ainda não tinha previsão de chegada por aqui. O polêmico quadro, que irritou até o presidente em uma declaração ao vivo no YouTube, era exibido nas telas antes da saída de cada intervalo comercial. Essa foi uma das marcas registradas da cobertura da pandemia pela CNN Brasil.

Umas das personalidades entrevistadas que também marcaram intensamente o período inicial da CNN foi Regina Duarte. Na época, a então secretária especial de Cultura do governo Bolsonaro, protagonizou um dos episódios de maior repercussão de toda a história do canal. Ela concedeu uma entrevista ao brilhante apresentador Daniel Adjuto em que minimizou a ditadura militar afirmando que "sempre houve tortura e que não queria arrastar um cemitério". Após a fala, passou a cantar um trecho do hino da Copa de 1970.[53]

Para muitos, com esse episódio, a CNN passou de marxista a extrema direita em questão de meia hora. Bem, teria sido um recorde. A verdade é que seguimos empenhados em simplesmente colocar em prática o jornalismo profissional: isento, transparente e rigoroso.

Em outubro de 2020, fizemos duas pesquisas de opinião, uma com o instituto RealTime Big Data e outra com o Kantar Ibope Media, para saber qual canal jornalístico era considerado o mais imparcial pelo público brasileiro. A CNN Brasil ficou em primeiro lugar nas duas. No estudo do RealTime Big Data, fomos vistos como imparciais por 49%, contrários ao governo por 18% e favoráveis ao governo por 13% dos entrevistados. Já na pesquisa da Kantar, a emissora foi considerada imparcial por 52% das pessoas; contrária ao governo por 17%; e a favor por 14%.[54]

Os resultados comprovavam que estávamos no caminho certo.

Praticar jornalismo sério, isento e sem costuras ou agendas políticas de qualquer viés ou motivadas por interesses de qualquer empresa de lobby é inegociável.

– Douglas Tavolaro

CAPÍTULO 7

UM ANO DE REALIZAÇÕES: RECONHECIMENTOS – E UM NOVO RUMO

A CNN Brasil percorreu um ano levando inúmeras informações exclusivas ao público brasileiro. Desde os primeiros dias no ar, algumas vezes produzindo mais de vinte horas diárias de jornalismo ao vivo, a emissora pulsava energia, inovação e furos de reportagem. Como todo jornalista, eu vibrei pessoalmente com toda a equipe, conquista após conquista, até o meu último dia de trabalho como CEO e fundador da empresa. É o mesmo entusiasmo e paixão que me dominam agora no Times Brasil | CNBC.

O primeiro grande furo da CNN Brasil repercutiu nos maiores jornais e portais do país e antecipou um movimento político que acabou resultando na queda do então ministro da Saúde, Luiz Henrique Mandetta, poucos dias depois, no auge da pandemia.[55]

A crise do pedido de demissão de Sergio Moro do comando do Ministério da Justiça foi outro furo da CNN Brasil. Conversas nos corredores do Palácio do Planalto indicavam que Moro estava a um fio de anunciar a própria saída havia pelo menos vinte e quatro horas, mas foi preciso termos cautela para não queimar a largada ao dar a notícia antes da devida confirmação, como alguns jornais acabaram fazendo.[56]

No momento certo, quando o ex-juiz da Lava Jato convocou uma coletiva de imprensa para anunciar a decisão de deixar o cargo, eu soube no mesmo instante através de mensagens enviadas pelos repórteres da CNN em Brasília. Agora, sim, era momento de *breaking news*, o famoso plantão de notícias urgentes.

Em outro episódio envolvendo Sergio Moro, os âncoras do CNN 360°, Reinaldo Gottino e Daniela Lima, falavam justamente sobre o depoimento que ele havia prestado à Polícia Federal com relação a eventos envolvendo a demissão quando a vinheta de *breaking news* irrompeu a programação ao vivo: o repórter Caio Junqueira anunciava, com exclusividade, o documento na íntegra com o depoimento do ex-ministro à PF.[57] A repercussão foi imediata, inclusive na imprensa internacional, em jornais como o *The Guardian*.

Fomos também os primeiros a entrevistar ao vivo um dos promotores do Ministério Público responsáveis pela operação de prisão de Fabrício Queiroz, alvo de investigação na denúncia de rachadinhas no gabinete de Flavio Bolsonaro.[58] Dessa vez, o furo foi mencionado pelo *The New York Times*.

Ainda com relação aos filhos do presidente daquela época, foi novamente a CNN Brasil que revelou que Eduardo e Carlos haviam sido intimados pela PF a deporem no inquérito dos atos antidemocráticos que investigava o envolvimento de aliados de Bolsonaro em manifestações que apoiavam a ditadura e pediam o fechamento do STF e do Congresso.[59]

Os repórteres da CNN Brasil seguiam com o desafio de contar os fatos independentemente de lados. Era fundamental, sobretudo, respeitar a audiência que buscava uma nova opção de notícia confiável.

Foi assim quando Geraldo Alckmin, que ainda não era vice-presidente da República, visitou a emissora para dar uma entrevista sobre o cenário político brasileiro. Ele ficou sabendo, ao chegar aos estúdios da Paulista, do indiciamento dele pela Polícia Federal no âmbito de uma investigação da Lava Jato.[60]

Apesar da surpresa total, Alckmin manteve o planejado e conversou com a jornalista Daniela Lima. A âncora da CNN não apenas pôde noticiar o indiciamento do ex-governador de São Paulo com ele ao vivo na tela como também teve a oportunidade de questioná-lo sobre o assunto em um timing perfeito.

No ano em que a covid-19 chacoalhou o mundo, a CNN também foi a primeira emissora brasileira a entrevistar o secretário-geral da ONU, António Guterres, que fez um diagnóstico completo da crise mundial do coronavírus.[61] Em outro momento marcante da pandemia, o ex-ministro da Saúde, Luiz Henrique Mandetta, falou ao vivo direto dos estúdios da CNN em Brasília: "A história vai mostrar quem estava certo e quem estava errado. Eu acredito que os números falam por eles mesmos".[62]

A entrevista foi exibida para mais de cem países através de uma parceria inédita com a CNN Internacional. Algum tempo depois, em mais uma união de forças, a renomada âncora Christiane Amanpour conversou com Luiz Inácio Lula da Silva, dando projeção mundial ao brasileiro que tinha acabado de recuperar os próprios direitos políticos após ter saído da prisão. "Minha prioridade agora é salvar este país", declarou o atual presidente aos espectadores da CNN em todo o mundo.[63]

Ao completar um semestre no ar, entendi que a CNN Brasil não poderia entrar em modo automático. Anunciamos três reforços estratégicos para o nosso time, a tempo de eles exercerem um papel decisivo na cobertura das eleições americanas: Márcio Gomes, Gloria Vanique e Carla Vilhena.

Enviamos os comunicados à imprensa no fim de outubro, um a um, começando com Márcio. A notícia de que um dos jornalistas mais respeitados e queridos da TV brasileira deixava a TV Globo após vinte e quatro anos era totalmente inesperada.[64]

Márcio Gomes é um dos poucos jornalistas que passaram pela bancada de todos os telejornais globais diários: *Bom dia Brasil*, *Jornal Hoje*, *Jornal Nacional*, *Jornal da Globo* e tantos outros na GloboNews. Ganhou o Prêmio Qualidade Brasil de Melhor Apresentador, escolhido por votação popular na internet, nada menos do que oito vezes, cinco delas em anos consecutivos.

Entre 2013 e 2018, Márcio foi correspondente da Globo na Ásia, baseado no Japão, e conquistou o Prêmio Comunique-se de Melhor Correspondente Internacional duas vezes. No início da pandemia, de volta ao Brasil, ele assumiu a apresentação do *Combate ao coronavírus*, atração que exibia as principais informações sobre a guerra contra a covid-19 nas manhãs da Globo. O programa, de caráter emergencial, ficou dois meses no ar.[65]

Tive o prazer de receber Márcio na minha casa, em São Paulo, para a assinatura do contrato.

— Márcio Gomes é um dos principais nomes da TV e chega para somar ao nosso elenco de grandes talentos. É um profissional completo, de alto gabarito. Além de ser conhecido por sua correção e caráter, é muito querido e respeitado pelo público de todo o Brasil. A partir de agora, ele estará todos os dias no ar e como protagonista de mais um projeto de inovação do nosso canal — declarei no nosso comunicado à imprensa.[66]

Recordes de audiência da CNN Brasil na TV e na internet comprovaram o enorme interesse do público por conteúdo político de alta qualidade.

Pouco tempo depois das eleições nos Estados Unidos, era hora de realizar a primeira grande cobertura política nacional: a CNN Brasil levou ao ar o primeiro debate do segundo turno das eleições municipais na maior cidade brasileira, transmitindo-o ao vivo para todo o Brasil menos de vinte e quatro horas após a apuração dos votos do primeiro turno.[67]

As eleições para prefeito da cidade de São Paulo aconteceram no domingo, 15 de novembro. Na segunda-feira à noite, os dois candidatos que passaram para a fase seguinte já estavam a postos nos estúdios da CNN em São Paulo para confrontar propostas: Bruno Covas e Guilherme Boulos. Neste, que foi o primeiro debate político exclusivo de um canal de TV por assinatura no Brasil, Covas e Boulos apresentaram ideias e propostas de modo civilizado, sob a mediação de Monalisa Perrone.

Recebi os dois na sala de visitas da presidência da CNN Brasil. Em meio a uma conversa descontraída, perguntei a Bruno Covas sobre o tratamento de saúde pelo qual ele estava passando, e ele me contou que estava tudo sob controle naquele momento. Covas lutava contra um câncer no aparelho digestivo que, meses depois, causou o falecimento dele. Naquele momento, porém, Covas demonstrava total firmeza, serenidade e muita confiança em seguir em frente.

Sem dúvida, foi um dos encontros memoráveis que a CNN Brasil me proporcionou.

Ainda no primeiro ano da emissora, montamos uma linha de programas que mesclavam jornalismo e entretenimento. Desse grupo, faziam parte atrações como o *CNN Séries Originais*, do Evaristo Costa, o programa de entrevistas de Amanpour e o *Realidade CNN*, que exibia documentários premium da CNN internacional inéditos no Brasil.

Também lançamos o *CNN Viagem&Gastronomia*, com a jornalista Daniela Filomeno, e fortalecemos a nossa cobertura de saúde através do *CNN Sinais Vitais*, apresentado pelo médico cardiologista Roberto Kalil. Outro destaque foi o *talkshow* diário *CNN Tonight*, com Mari Palma, Gabriela Prioli e o historiador Leandro Karnal estreando na televisão. Finalmente ampliamos o alcance das notícias da CNN através das ondas sonoras: o lançamento da CNN Rádio reforçava o caráter escalável e multiplataforma do nosso projeto.[68]

Essa foi a primeira operação de rádio em língua portuguesa da CNN desde a fundação do canal, em 1980. Através de um acordo com um formato inédito, a programação da CNN Rádio estreou pelo sinal da rede Transamérica, com alcance de 55 milhões de ouvintes em todo o Brasil, em duas faixas nobres do rádio: das 6 horas ao meio-dia e na hora do rush, entre 18h e 19h30. Levamos também para a rádio o plantão *Breaking News*, garantindo a cobertura de notícias urgentes vinte e quatro horas.

Toda a equipe da CNN na TV ganhou espaço na nova grade de programação: âncoras, repórteres em todo o Brasil, correspondentes internacionais, analistas, redatores e comentaristas. Ao mesmo tempo, eu considerava essencial ter um grande nome do radiojornalismo para o projeto e, nesse sentido, a principal voz que chegou para somar experiência e talento à CNN Rádio foi a do jornalista Roberto Nonato. Anunciamos a contratação dele dois dias depois de ele completar trinta anos de carreira na CBN, rádio pioneira ao adotar o formato *all news* no Brasil.[69]

O último grande lançamento do ano foi a CNN Eventos, uma nova unidade de negócios voltada para a produção de cerimônias corporativas exclusivas, com a participação do elenco da emissora.[70] Nossa primeira realização foi o Prêmio Notáveis CNN 2020.[71] Em uma noite de gala na Sala São Paulo, sem plateia presencial, porém com a participação especial do maestro e pianista João Carlos Martins, homenageamos personalidades e instituições que se destacaram por suas ações positivas durante a pandemia.

— As imagens desta bela e grandiosa sala vazia são símbolo do ano difícil e histórico que vivemos.

Com essas palavras, a jornalista Carla Vilhena abriu a cerimônia. Em seguida, falei por meio de mensagem de vídeo:

— Na luta contra a doença, os brasileiros mostraram garra, solidariedade e amor ao próximo. Hoje, vamos reconhecer e homenagear iniciativas do bem, ideias e atitudes que salvaram vidas, inspiraram e renovaram as nossas esperanças.

O destaque do evento ficou por conta de uma premiação especial que criamos para reconhecer os milhares de profissionais da área de saúde que atuaram na linha de frente do combate ao coronavírus: Herói ou Heroína do Ano. Não tínhamos como não homenagear enfermeiros, médicos e outros profissionais que salvaram a vida de milhões de brasileiros.

— São heróis, muitas vezes anônimos, que hoje serão representados por uma mulher batalhadora, com uma história emocionante — anunciou a apresentadora Luciana Barreto, antes de chamar ao palco a enfermeira intensivista Mônica Aparecida Calazans, vencedora da categoria.[72]

Apresentamos ao público a Heroína do Ano 2020: uma mulher negra, de 54 anos, moradora de Itaquera, na zona leste de São Paulo, enfermeira da UTI do Hospital Emílio Ribas e do pronto-socorro de um hospital municipal em São Mateus, também zona leste da capital paulista. Além de ter atuado na linha de frente em dois empregos, a enfermeira perdeu amigos e parentes para a covid-19 e participou como voluntária dos testes clínicos da CoronaVac.

Um mês depois do evento, no histórico 17 de janeiro de 2021, a vencedora do Prêmio Notáveis CNN foi escolhida pelo governo de São Paulo para receber a primeira dose oficial da vacina brasileira. Para nós, que sempre levantamos a bandeira da vacinação, esse desfecho foi uma verdadeira vitória da campanha #CNNpelavacina.

A pandemia em 2020, durante o meu primeiro e único ano de gestão da CNN Brasil no ar, fez com que o público conhecesse a emissora em um intervalo de tempo bem mais curto do que esperávamos. Tanto na TV quanto nas plataformas digitais, as pessoas rapidamente desenvolveram uma relação com a emissora, como se ela sempre tivesse existido na cena do jornalismo brasileiro. Parecíamos velhos conhecidos.

E não foi só pela pandemia: desde os primeiros dias no ar, fomos construindo a nossa relevância com diversos conteúdos de interesse público, entrevistas exclusivas, debates de opiniões plurais, furos de reportagem e muitos *breaking news* em primeira mão.

Em trezentos e sessenta e cinco dias no ar, coordenei na CNN mais de 5,5 mil horas de jornalismo na TV, das quais aproximadamente 4 mil foram dedicadas exclusivamente à cobertura da pandemia. Foram centenas de reportagens no Brasil e no exterior mostrando as múltiplas faces do acontecimento do ano, da década, do século.

Foi também um período de novas contratações de apresentadores e repórteres, de ajustes na grade, de algumas reconstruções e muitas consolidações. Alcançamos mais de 7 milhões de seguidores nas redes sociais, com destaque para o Instagram, onde a CNN Brasil alcançou um posto diferenciado. Ao longo de um ano, crescemos e fidelizamos o que o mercado chama de "audiência qualitativa" em todas as plataformas.

No nosso primeiro ano, o crescimento no digital foi tão gigantesco que superou até mesmo as nossas melhores expectativas. Foi muito rápido até recebermos a placa de um milhão de inscritos no canal do YouTube. Em março de 2021, quando deixei a emissora, já estávamos nos aproximando dos dois milhões, e o cálculo da agência que fazia o nosso monitoramento na internet indicava que os vídeos da CNN Brasil tinham sido visualizados mais de seiscentas milhões de vezes no ambiente digital.

Como um dos reflexos desse avanço, a CNN Brasil foi a empresa de mídia mais premiada em 2020. Recebemos todos os principais troféus de comunicação, marketing e mídia do país, inclusive o Caboré – prêmio de maior prestígio do mercado publicitário –, que pela primeira vez elegeu como melhor Veículo de Comunicação uma empresa de mídia que estava apenas engatinhando – e no ano de estreia.

No meu discurso de agradecimento, em um evento no hoje chamado Vibra São Paulo, apresentei uma pequena retrospectiva do que tínhamos vivido até ali:

— Foi uma verdadeira operação de guerra; uma cobertura de guerra, fazer jornalismo, lançar um canal de notícias em um ano como esse. E a equipe da CNN, de modo brilhante, batalhou para levar a informação correta, com equilíbrio, com precisão, buscando sempre levar às pessoas uma notícia de esperança.[73]

Conquistamos ainda o prêmio de Veículo de Comunicação do Ano da revista *Propaganda e Marketing*; o prêmio Destaque do Ano da Associação Paulista de Críticos de Arte (APCA); as categorias Lançamento e Destaque do Ano do Prêmio Veículos de Comunicação, da revista *Propaganda*; e o prêmio Líder em Comunicação pelo Grupo de Líderes Empresariais (Lide).

Os telejornais e os âncoras da CNN Brasil também foram premiados. Entre eles, com a categoria telejornal do Prêmio Notícias da TV, e melhor documentário pelo Comitê Internacional da Cruz Vermelha.[74] Recebi também duas menções individuais, ao ser escolhido como um dos Dez Profissionais de Mídia do Ano da revista *Meio & Mensagem* e como o Empresário de Comunicação do ano pela revista *Propaganda*.

Desde o início, on-line ou na TV, construímos relações excepcionais com o mercado publicitário. Atingimos a marca de duzentos anunciantes com um sucesso comercial inegável – e que não conquistamos por acaso.

Algumas vezes, após a minha saída da CNN Brasil, fui questionado por jornalistas sobre notícias posteriores ao meu desligamento, a respeito de supostos "prejuízos financeiros" no canal – divulgados pelas gestões que permaneceram na empresa após a minha ausência.

Em entrevista à *Folha de S.Paulo*, já em 2024, quando eu falava sobre o Times | CNBC, respondi que montei para a CNN Brasil um projeto com começo, meio e fim, mas só participei do início após meu desejo de deixar a empresa:

— Eu saí do projeto após um ano no ar. Nesse primeiro ano, ganhamos todos os prêmios de mídia, jornalismo e de publicidade possíveis, cerca de onze. Foi uma emissora reconhecida pelo público e pelo mercado. Eu saí deixando um valor altíssimo de contratos publicitários. E tudo isso no auge da pandemia de covid-19, em uma grande crise no mercado. Sobre a gestão que foi feita depois que saí, eu não posso falar, não me diz respeito. Entreguei um projeto consolidado.[75]

No início de 2021, a notícia de que eu estava deixando a CNN Brasil surpreendeu a todos.

Na mesma entrevista à *Folha de S.Paulo*, também fui perguntado por que vendi minha participação societária na emissora brasileira após o sucesso construído em um período tão curto de vida.

— Eu não posso falar desse assunto por razões jurídicas. Mas sou muito grato à família Menin, por toda parceria. A CNN Brasil é uma empresa consolidada, é uma importante fonte de informação do país. Eu falo isso com humildade e respeito: nasceu de um projeto no meu computador. Ela foi vendida com razoável sucesso. Agora é olhar para a frente, montar esse canal diferente (o Times Brasil | CNBC).

Apesar de inesperada, a decisão de sair da CNN foi muito ponderada por mim. Pensei muito antes de decidir seguir esse caminho. Na manhã de 25 de março, assinei a venda da minha participação nas ações e deixei o cargo de CEO da empresa que eu havia criado por árduos anos, como este livro revela em detalhes pela primeira vez.

Eu não sabia, mas algo novo e maior estava para surgir: a parceria com a CNBC.

Assim que a CNN Brasil divulgou o comunicado oficial à imprensa, incontáveis reações de carinho e demonstrações de apoio chegaram sem parar ao meu celular.[76] Foram semanas assim. Naquela noite, embarquei rumo a Nova York. O voo seguiu primeiro para Atlanta, por questões de procedimentos de segurança em função da covid-19.

Era o momento de um novo rumo.

Apesar de inesperada, a decisão de sair da CNN foi muito ponderada por mim. Pensei muito antes de decidir seguir esse caminho.
[...] Eu não sabia, mas algo novo e maior estava para surgir: a parceria com a CNBC.

– Douglas Tavolaro

PARTE 2

CAPÍTULO 8

HORA DE RECOMEÇAR: UM SINAL EM NOVA YORK – A CNBC

Além de estar no isolamento entre sibipirunas e sabiás na minha casa em São Paulo durante o período de *non-compete* que me proibia de trabalhar no meu ramo de atividade, passei grande parte dos últimos três anos nos Estados Unidos. Foram quase vinte e quatro meses em Nova York, estudando o futuro da indústria de mídia, conversando com executivos e especialistas do mercado, ouvindo lideranças estratégicas, analisando tendências e novidades.

Embarquei para os Estados Unidos no mesmo dia em que assinei o contrato de venda da CNN Brasil. Durante o voo, as lembranças de toda a construção erguida para a emissora tomavam a minha mente, mas eu já buscava olhar para a frente. Eu exercitava mil ideias em busca de um novo caminho, sempre acompanhadas de uma inquietação: qual seria o meu próximo passo para empreender no sentido do diferencial? Como encontrar um projeto inédito de jornalismo para o público? O que seria capaz de surpreender os brasileiros?

Os três anos seguintes a esse desembarque nos Estados Unidos até o fim do acordo jurídico que me impedia de trabalhar ou empreender na área abriram a minha mente para novos horizontes. A rotina em Nova York me ensinou diversas lições para o surgimento do Times Brasil | CNBC, na minha visão, o maior e mais inovador de todos os meus projetos.

Tive uma sequência de reuniões e encontros com companhias globais também em Londres, outra cidade estratégica para a área de mídia, mas a minha prioridade de análise sempre foi Nova York. Nos Estados Unidos ou na Europa, a mira havia sido ajustada. Era preciso perseguir a trilha da inovação. Esse havia sido um dos segredos do sucesso da CNN Brasil.

Quando idealizei a empresa, ainda na tela de um programa de computador, imaginei o trajeto diferencial para enfrentar praticamente o único canal de notícias vinte e quatro horas existente no Brasil. Por exemplo, a Globo News sempre produziu, desde o início das operações, um jornalismo de qualidade. No meu entendimento, a concorrência seria um elemento saudável e igualmente imprescindível para milhões de pessoas que buscam informação profissional com precisão e integridade.

Eu não me conformava em olhar para um mercado do tamanho que é o do Brasil e enxergar uma única emissora de notícias atuando praticamente sozinha. Band News e Record News também sempre foram relevantes, mas os grupos priorizavam as operações em TV aberta.

Ao analisar a concorrência, me perguntava: por que, afinal, existe apenas um canal de notícias no radar dos brasileiros? Nos Estados Unidos, Fox News, CNN, ABC News, CBS News e mais três ou quatro emissoras menores disputam o público, cobertura por cobertura, semana após semana. Por que no nosso país não existe esse mesmo tipo de competição saudável?

O leque entre os canais de esportes norte-americanos também aguçava o meu desassossego. NBC Sports, ESPN, TNT, Fox Sports. No Brasil, idem: Sport TV, BandSports, TNT e ESPN Brasil. Na Europa, o mesmo cenário entre os canais de notícias: BBC World, CNN Internacional, Euronews, Reuters, Sky News, entre outros nomes de sucesso em cada país por lá. Por que apenas entre as emissoras de notícias do Brasil isso não acontecia? Como não ter uma marca de jornalismo internacional presente na TV brasileira na entrada da década de 2020?

A CNN Brasil ganhou vida a partir desses questionamentos. No fim de 2023, indagações semelhantes me voltavam à mente e sinalizaram para a escolha do projeto CNBC.

Não deixa de ser um fato que a CNN Brasil provocou uma reviravolta nessa área de atuação. Além das três emissoras abertas que revitalizaram os canais com novos investimentos, surgiu mais um concorrente, a Jovem Pan. Assim, o mesmo mercado que era deixado um tanto de lado antes da chegada da CNN, em janeiro de 2019 passou a ter um congestionamento de canais. A briga pela audiência transformou a área em um verdadeiro campo de batalha. Cinco canais de notícias disputavam o mesmo público apresentando praticamente o mesmo tipo de jornalismo. Como, enfim, encontrar um horizonte distinto? Que projeto representaria algo novo, diferente dos padrões anteriores para o mercado brasileiro? Qual deveria ser o próximo passo no rumo certo?

O projeto implantado na CNN me abriu portas no exterior como nunca imaginei, e a receptividade provocou reações positivas excepcionais.

De certa forma, a trajetória executada no Brasil fez as companhias internacionais reconheceram o valor do que foi construído, com saudações abertas nos nossos encontros. Muito disso devo às declarações de Randall Stephenson, então CEO global da AT&T, uma referência no meio empresarial. Os depoimentos com as deferências de Jeff Zucker, presidente mundial da CNN, também foram importantes para abrir as conversas internacionais. Todos reconheciam, simpaticamente, o valor da fundação que implantamos no Brasil.

Pelo tamanho, pela população e pelo potencial econômico, o Brasil também nunca deixou de ser uma nação desejada pelas grandes marcas de jornalismo. O desafio sempre foi conquistar o novo território sem conhecer a fundo as armadilhas e os riscos que ele apresenta e sem compreender com exatidão o modelo de negócio e o formato editorial capazes de conquistar um espaço entre os concorrentes locais.

Apesar de viver momentos políticos conturbados, o Brasil sempre foi uma potência para o universo da informação de negócios. Somos a maior economia da América Latina.[77] A nona no ranking mundial de 2023.[78] Setores econômicos estratégicos pulsam com crescimento avassalador, como o ecossistema de startups e os serviços financeiros, incluindo as corretoras de investimento independentes.

Somos um país com uma quantidade impressionante de empreendedores. São milhões de brasileiros que tocam o próprio negócio, seja para ganhar a vida porque os empregos são escassos, seja para fazer a diferença na carreira profissional, seja para ter renda alta, seja para continuar uma tradição familiar.

Outra onda de transformação diante dos nossos olhos é o assombroso crescimento do mercado brasileiro de capitais. No início dos anos 2000, a então Bovespa girava menos de 500 milhões de reais ao dia, e isso considerando os chamados "pregões gordos". Em 2020, a movimentação diária da B3, o novo nome da Bolsa de São Paulo, saltou para em torno de 30 bilhões de reais – e em um ano de pandemia.[79] Em 2023, esse total foi perto de 21,5 bilhões de reais.[80]

A tecnologia auxilia a espalhar o fenômeno. Notícias como o número inédito de empresas brasileiras que obtiveram sucesso ao abrir capital nas bolsas norte-americanas – como Nasdaq e a Bolsa de Valores de Nova York – estimulam a nova geração de investidores.[81] Redes sociais, aplicativos de investimento e cursos on-line ajudam a impulsionar esse movimento. E a estrada para crescimento é gigante.

No Brasil, menos de 3% da população investe no mercado de capitais.[82] Nos Estados Unidos, esse dado é de 55% da população e 80% da riqueza das famílias estão aplicados em ações.[83] Na Índia, são mais de 27 milhões de investidores na Bolsa de Valores de Mumbai.[84]

Ter uma fatia significativa da população investindo em ações é sinal de maturidade, de desenvolvimento econômico e de melhores condições competitivas para as empresas locais. Em vez de dependerem de financiamento estatal ou bancário, elas podem emitir ações para bancar expansões ou pagar dívidas. Trata-se de um processo de geração de riqueza que ajuda a economia como um todo. Isso somente para pontuar alguns dos novos aspectos da economia e do momento que o Brasil vive e que alteram diretamente os hábitos de consumo em jornalismo. Em resumo, são milhões de brasileiros cada vez mais interessados em informações sobre negócios.

Depois da intensa etapa de sondagens, logo surgiu a convicção que me pareceu tardiamente óbvia. Por que, em pleno 2024, o Brasil ainda não tinha um canal específico de jornalismo de negócios com uma marca internacional? Os dados revelam que o assunto é quase um "serviço de utilidade pública" para a realidade dos brasileiros.

Além disso, o paralelo com a televisão nos Estados Unidos, mais uma vez, reforçava essa convicção dentro de mim. Por lá, desde os anos 1990 os canais de jornalismo de negócios estabeleceram espaços consagrados de confiança e admiração junto ao público, às agências de publicidade e aos anunciantes, sobretudo a líder CNBC, mas também Fox Business e Bloomberg.

Na Europa, o cenário se repete, com CNBC Internacional, Sky News & Business, BBC Business, Reuters, entre outros canais locais.

A grande lição desse modelo de TV, cujo centros de inteligência funcionam em Nova York, é a espetacular capacidade dessas companhias de se modernizarem. Quando se fala em canais de business, o brasileiro pode logo remeter à ideia de uma tela entupida de gráficos e dados financeiros. Esse é um formato ultrapassado que estigmatizou as emissoras de negócios no passado, como a Bloomberg.

Minha vida profissional começou em TV aberta, habituado às disputas de Ibope minuto a minuto durante dezessete anos, por isso compreendia perfeitamente que uma televisão com essas características jamais daria certo no Brasil. O que idealizamos passava longe dos números perdidos, entrando e saindo freneticamente, enquanto um apresentador lê notícias em um pequeno quadrado da tela.

A proposta era o modelo contemporâneo e renovador das emissoras de jornalismo de negócios.

Certo dia, já em Nova York, assistindo às notícias da noite na CNBC, eu me deparei com *No Retreat: Business Bootcamp*, um reality show em que executivos e equipes de trabalho enfrentavam desafios físicos e mentais extenuantes confinados em uma fazenda em Vermont, o estado mais rural dos Estados Unidos. O apresentador era Joe De Sena, fundador de startups e autor de best-sellers sobre liderança, que julgava o resultado das provas de competição com uma psicóloga, coach em performance, e um empreendedor. A ideia do programa era provar que, ao colocar executivos e equipes contra desafios físicos e mentais extenuantes, a comunicação melhora e o trabalho em equipe é aprimorado.

As tarefas e os obstáculos na fazenda visam fabricar adversidades, identificar elos fracos, ajudar as equipes a entender e superar o medo e o fracasso e ensinar sobrevivência mental e física. Tudo isso enquanto Joe e os demais apresentadores destacavam as prioridades e o propósito do negócio. A chamada do programa era um bom resumo: "Sobreviva a Joe e à fazenda, e as empresas sairão mais fortes e com um plano claro para alcançar o sucesso".

Na CNBC? Como assim? Um programa de entretenimento no horário nobre de um canal de negócios? Eu estava interessado em saber do sobe e desce do dólar, zapeando calmamente, mas essa programação me fisgou. Zapeei novamente o controle remoto para conferir se aquele realmente era um canal de business. E era.

Em exibição em 2024, a CNBC criou uma faixa horária diária à noite, batizada de CNBC Prime, com uma programação de reality shows, programas de entretenimento, documentários e séries de sucesso produzidas exclusivamente para a emissora, preservando a temática de negócios como fio condutor.

Conferi as atrações dos demais dias. *American Greed* revela casos impressionantes de fraudes corporativas, de colarinho-branco e escândalos financeiros em corporações estadunidenses. *Secret Lives of the Super Rich* desnudava o mundo exclusivo das grandes fortunas e os hábitos dos bilionários mais bem-sucedidos do planeta. Em *Back in the Game*, atletas profissionais e artistas aposentados, a maioria enfrentando dificuldades financeiras, eram auxiliados a se reerguerem na carreira. No original *Shark Tank*, os tubarões buscavam os "melhores produtos e negócios que a América tem a oferecer", e empresários esperançosos iam à atração em busca de um investimento para iniciar, crescer ou salvar os negócios. *Jay Leno's Garage* mostrava o universo da paixão por carros e como isso girava transações multimilionárias, apresentado pelo lendário comediante e apresentador do *Tonight Show*, Jay Leno.

Era uma grade de programação rica e diversa, amplamente criativa, difícil de acreditar que seria assistida em um canal de notícias de negócios. Tempos depois, ainda assistindo à CNBC, vi a transmissão dos Jogos Olímpicos de Inverno de Pequim 2022 em pleno horário nobre. O jornal com as principais notícias do dia era interrompido pelas partidas ao vivo de *curling*, aquele esporte coletivo praticado em uma pista de gelo, cujo objetivo é lançar pedras de granito o mais próximo possível de um alvo. Para a Olímpiada de Paris, em 2024, a CNBC abriu várias faixas horárias exclusivas para a transmissão de esportes alinhados ao público de jornalismo de negócios. E não é só isso.

Os noticiários ao vivo ao longo do dia também eram enérgicos e cheios de dinamismo. Âncoras conhecidos do grande público dividiam a apresentação com novos talentos e analistas econômicos que falavam fácil e iam direto ao ponto. É possível ficar bem-informado em todas as telas da CNBC, e não somente pela TV. O conteúdo inclui dezenas de relatórios de agências da CNBC em todo o mundo, que podem ser acessados pelas plataformas digitais.

Na CNBC.com, por exemplo, que é o portal de notícias da CNBC, internautas têm acesso ilimitado a informações financeiras em tempo real, além de outros temas que mexem com a vida de quem tem interesse por negócios, de modo direto ou indireto. Os detalhes das guerras na Ucrânia e na Faixa de Gaza, as inconstâncias da criptomoeda, a compra do Twitter por Elon Musk, as crises políticas na Casa Branca, o preço das viagens para o espaço, os melhores hotéis para viagens de trabalho, as opiniões de Warren Buffet (o maior investidor do planeta) sobre como gerir o dinheiro quando os mercados estão em baixa, o controle da venda de armas após mais um tiroteio nos Estados Unidos e a nova tecnologia dos cartões de crédito que permitirá pagamentos com o rosto ou as mãos.

Tudo era exibido com textos, fotos e vídeos de elevado padrão de qualidade. Tudo oferecia compreensão didática e poder de atração. Tudo como nunca tinha sido visto no Brasil.

Na cobertura do jornalismo diário da CNBC, havia o chamado hard news, outra postura que saltou aos meus olhos. A aposentadoria de Tom Brady, por exemplo, ganhou status de *breaking news* e ocupou horas de informação e análises dentro dos telejornais. Fazia sentido. O ex-marido da modelo Gisele Bündchen, considerado o maior jogador da história da liga secundária profissional do futebol americano (UFL), é hoje, sozinho, uma empresa.

Segundo o jornal *New York Post*, apenas no último contrato com o time Tampa Bay Buccaneers, Brady movimentou cifras que ultrapassam 332 milhões de dólares. Em fevereiro de 2022, aos 44 anos, Brady chegou a anunciar aposentadoria, mas voltou atrás e decidiu jogar mais um ano como quarterback do Tampa Bay. E não foi só isso. Em maio do mesmo ano, Brady anunciou um novo acordo para ser o principal comentarista da liga de futebol americano no canal Fox Sports, com valor estimado em 375 milhões de dólares, de acordo com o *The Wall Street Journal*.

A programação da CNBC borbulhava. Os bastidores da reação insatisfeita da liga esportiva profissional de futebol americano (NFL), as discussões sobre o tamanho da transação, a guerra das emissoras pelos direitos esportivos, a chegada de novos patrocinadores nas transmissões dos jogos, a queda de braço entre os negociadores, o preço da aposentadoria dos jogadores profissionais, o valor das ações da Fox Corporation e até a performance futura de Brady como comentarista de TV. Tudo virou pauta extremamente atraente na CNBC durante vários dias.

A análise de tudo isso era evidente.

O Brasil não tinha uma emissora de jornalismo de negócios com esse formato inovador, ousado e totalmente adaptado à nova economia e ao tipo de hábito de consumo do público que deseja empreender, crescer na carreira ou simplesmente se manter bem-informado sobre o mundo do *business*. Havia um oceano azul bem distante da briga dos canais de notícias brasileiros que se intensificou nos últimos anos.

Na minha percepção, era possível olhar para o outro lado, assim como quando idealizei a CNN Brasil.

É claro que todos esses valores da marca CNBC somente fariam sucesso no Brasil se fossem aplicados por um time de executivos que conhecesse e soubesse produzir jornalismo no nosso país. Daí nasceu o Times Brasil. Notícias produzidas com a expertise brasileira. Várias marcas internacionais de peso não deram certo no Brasil justamente por não terem esse equilíbrio de forças na implantação dos projetos.

Com essa visão traçada, comecei a conversar informalmente com executivos de mídia, empresários, presidentes e CEOs de companhias importantes, jornalistas e publicitários brasileiros. Todos eram unânimes sobre a lacuna desse tipo de opção de empresa de notícias – acima de tudo sem nenhuma ligação societária com algum banco ou instituição financeira. Faltava o primeiro canal de TV de jornalismo de negócios do Brasil, com uma linha editorial plenamente imparcial e independente, produzida por brasileiros para brasileiros.

O embrião do Times | CNBC estava gerado.

Em meio a essa usina de ideias, ainda morando nos Estados Unidos, vivi um dilema pessoal sobre aceitar ou não os sacrifícios de montar a segunda emissora de televisão no Brasil em um período de quatro anos. Será que era momento de repensar a minha carreira? Decidir outros caminhos fora da televisão e do jornalismo? Desistir de empreender?

Estimulavam a minha mente as palavras de ânimo de algumas referências do universo da comunicação que tive a honra de ouvir ao longo da minha trajetória. Pessoas com mentes brilhantes que me impulsionavam a seguir adiante.

Uma delas foi José Bonifácio de Oliveira Sobrinho, o Boni, homem que revolucionou a TV Globo. Em uma entrevista que concedeu ao site Neo-Feed, Boni falou sobre a CNN:

— O senhor é um ávido consumidor de telejornais. Como viu a chegada da CNN Brasil, uma forte concorrente da GloboNews?

— A CNN Brasil está fazendo um bom trabalho. Eles conseguiram ser eficientes e rápidos num curto espaço de tempo. [...] O jornalismo não pode ficar em cima apenas de quatro ou cinco fatos. É preciso ter uma pauta mais extensa, oferecendo mais conteúdo e, sobretudo, mais opinião, com mais espaço para o contraditório — Boni respondeu de maneira direta.[85]

Troquei várias mensagens com Boni antes e depois da minha fase na CNN Brasil, e ele sempre me estimulava a seguir adiante.

Jeff Zucker, que havia sido presidente da NBCUniversal antes de assumir a CNN global, era outro nome que me apoiava sempre. As palavras que ele me escreveu logo que soube da minha saída da CNN também me impulsionavam a não parar de empreender no telejornalismo.

Por fim, Silvio Santos, o lendário apresentador e empresário de televisão, falecido em agosto de 2024 aos 93 anos, com quem tive diversos encontros durante as minhas fases na Record e na própria CNN Brasil. As nossas conversas quase sempre aconteciam no escritório da casa dele, no bairro do Morumbi, em São Paulo. Tenho várias fotos desses momentos que preservo com afeto até hoje. Em um dos últimos encontros, em 2020, Silvio Santos elogiou a CNN Brasil e me contou que assistia à programação do canal por horas seguidas no período da tarde.

— Só não gostei que o slogan da CNN mudou. "A maior do mundo. Agora no Brasil" era ótimo. Fala diretamente com a pessoa de casa — disse Silvio, vestindo pantufa, pijama estampado e uma jaqueta de nylon, sempre em um tom muito cordial.

— Silvio, você está me fazendo repensar. Obrigado pela sugestão — respondi.

O slogan da CNN voltou à escolha anterior dez dias depois, é claro.

Sempre que me encontrava, Silvio destacava também a construção que fiz à frente do jornalismo da Record. Recebemos mais de cinco Troféus Imprensa durante os anos em que fui vice-presidente da emissora e concorrente dele com aquela programação de notícias. Em umas dessas premiações, que era apresentada anualmente pelo dono do SBT, Silvio falou publicamente: "O jornalismo sempre foi o diferencial da Record. Eles conseguiram criar um formato que deu muito certo".[86]

Como com milhões de brasileiros, a morte de Silvio Santos também mexeu muito comigo. Além da marca fenomenal como apresentador de TV, a determinação dele em empreender em comunicação, o tempo inteiro acreditando no Brasil, é um referencial para qualquer executivo de mídia. Tenho consciência do privilégio de ter tido conversas com Silvio sobre a TV como negócio. As lições dele vão ficar para sempre.

Esses ensinamentos, no período após a venda da CNN Brasil, me fizeram acreditar que não era hora de desistir. Eu deveria superar aquela fase de "reclusão profissional" e voltar ao mundo do jornalismo para empreender. Não era o momento de parar.

O Times | CNBC já havia nascido dentro de mim.

O Brasil não tinha uma emissora de jornalismo de
negócios com esse formato inovador, ousado e
totalmente adaptado à nova economia e ao tipo de
hábito de consumo do público que deseja empreender,
crescer na carreira ou simplesmente se manter bem-
-informado sobre o mundo do *business*.

— Douglas Tavolaro

CAPÍTULO 9

OS PRIMEIROS PASSOS: CONSTRUINDO O JORNALISMO DA RECORD

O meu tempo fora do Brasil também foi uma fase de reflexões. Na memória martelava um turbilhão de pensamentos sobre certos momentos cruciais da minha carreira.

O meu pedido de demissão como vice-presidente de jornalismo da Rede Record, por exemplo, após dezessete anos na empresa, não foi uma decisão fácil. Quando aceitei a ideia de montar a CNN no Brasil, eu estava em um ótimo momento na minha carreira e com um futuro promissor. Não foi uma atitude simples de ser tomada. Renunciei ao meu antigo emprego porque tive a oportunidade de abrir meu próprio negócio, mesmo sabendo que seria uma sociedade minoritária das ações.

Dentro de mim, havia o firme propósito de dar o primeiro passo. Trocar a estabilidade de tantos anos como vice-presidente e estatutário de uma companhia estabelecida por um caminho improvável gerou conflitos íntimos, é óbvio. Consumiu noites quase sem dormir e gerou mil tipos de preocupações e receios. Foi preciso foco e determinação para dar esta guinada e encarar um novo desafio.

Deixei a Record como o vice-presidente com maior período no cargo e como o membro com mais tempo de atuação no Comitê Executivo e de Programação. Atuei em todas as áreas do Conselho de Administração da emissora, como gestão de conteúdo, planejamento de programação e audiência, análise de qualidade, comunicação empresarial e decisões estratégicas.

Com a certeza de dever cumprido, parti para trilhar o sonho de construir a minha própria empresa.

Mais adiante, a decisão de vender as minhas ações na CNN Brasil, uma emissora que eu havia idealizado e montado do zero, estabelecida com grande importância após apenas um ano no ar, provocou outro momento crucial. O Times | CNBC não nasceria se eu não tivesse vivido cada situação complexa dessas.

Os valores de família, por menores que sejam, representam muito nessas horas decisivas.

Sou paulistano do bairro do Tatuapé, cresci em uma família de classe média e estudei grande parte da vida em escola pública. Minha família é composta por empreendedores de pequenos negócios. Sou filho e neto de italianos nascidos em uma minúscula cidade sul do país, chamada Tramutola, na província de Potenza. O meu avô, Michelle Tavolaro, falecido em 2021 aos 98 anos, combateu na Segunda Guerra Mundial. Foi cozinheiro do exército italiano e prisioneiro do exército de Hitler na Polônia.

Migrou de navio para o Brasil fugindo da pobreza do período pós-guerra na Europa. Aqui, ele começou vendendo vassouras nas ruas de São Paulo e depois foi feirante em uma barraca de queijos. Durante os nossos almoços de domingo, sempre contava como deixou de ser funcionário para ser dono da própria barraca na feira. A barraca cresceu. Ele contratou empregados, trouxe parentes da Itália e expandiu o negócio para dezenas de feiras da cidade.

A feira se tornou o sustento da família por décadas, a ponto de o meu avô comprar uma carteira de pequenos imóveis com o dinheiro das feiras e se aposentar. Na primeira oportunidade de economizar, ainda jovem, ele comprou passagens para trazer a minha avó e a minha mãe da Itália. Ele foi a minha primeira influência no caminho do empreendedorismo.

Os meus pais se casaram jovens e, como o meu avô, também decidiram deixar o emprego que tinham e montar um negócio próprio: um comércio de ferro e aço. A fábrica começou no quintal da casa onde morei na infância. Essa empresa existiu durante mais de trinta anos e bancou a minha criação e a dos meus dois irmãos até a faculdade.

Foram exemplos simples, mas expressivos para mim. Os negócios do meu avô e dos meus pais, embora pequenos, me ensinaram o valor e a coragem de empreender com responsabilidade e o significado de se dedicar a um trabalho que despertasse paixão. Cresci ouvindo que, mais importante do que ganhar dinheiro, era criar algo que gerasse valor na vida das pessoas.

Depois de me formar como técnico em Administração de Empresas no Ensino Médio, decidi cursar Direito. Eu queria ser advogado. Cheguei a ser aprovado em algumas faculdades, mas vivi uma reviravolta. Sempre gostei de escrever e, no meio dos estudos para o vestibular, como uma forma de me preparar para as provas de redação, eu redigia comentários para serem publicados no espaço "Carta do Leitor" d'O *Estado de S. Paulo*, jornal que o meu pai assinava. Certo dia, encaminhei um artigo sobre política para um jornal de bairro do Tatuapé, e ele foi publicado na capa. Era o empurrão de que eu precisava. Abandonei a ideia de ser advogado e decidi fazer vestibular para Jornalismo. Estava fascinado pela profissão escolhida.

Eu me formei em Jornalismo na Faculdade de Comunicação Social Cásper Líbero, curiosamente localizada a poucos quarteirões de onde anos depois montei a sede da CNN Brasil, na Avenida Paulista. Outra curiosidade é que, já na época da Record, contratei vários professores e contemporâneos da Cásper Líbero, como os jornalistas Domingos Fraga, Antônio Guerreiro e Marco Antônio Araújo.

Comecei a minha carreira como estagiário no jornal *Diário Popular* – fechado em 2018 já com o nome *Diário de S. Paulo*. Naquele tempo, convivendo com profissionais engenhosos, passei a compreender mais profundamente como o jornalismo esclarece e forma cidadãos melhores, bem como o imensurável valor da profissão como pilar da democracia e de sociedades desenvolvidas.

Durante cinco anos, trabalhei na revista *IstoÉ* com amigos que preservo até hoje. Editei a coluna "A Semana", espaço de notas curtas chefiado pelo jornalista Antonio Carlos Prado, e produzi reportagens especiais para a editoria de Brasil, naquele tempo comandado pelos saudosos editores Ramiro Alves e Mario Simas Filho. Em fevereiro de 2001, em um misto de sorte e azar, de estar no lugar certo na hora errada ou no lugar errado na hora certa, produzi a reportagem que mais provocou impacto no meu início de carreira.

Foi um relato, em primeira pessoa, de quando fui feito refém por vinte e quatro horas durante uma rebelião na antiga Casa de Detenção do Carandiru. Estávamos eu e uma fotógrafa dentro do presídio quando explodiu o motim dos detentos.

O então diretor de redação da *IstoÉ*, Hélio Campos Mello, escreveu um editorial contando como soube da história. "Os presos do Carandiru, a princípio, prometiam libertar os reféns somente por volta do meio-dia. Acompanhado da fotógrafa Ana Nogueira Mazzei, Douglas iniciava uma reportagem sobre o trabalho dentro das prisões quando foi surpreendido pelo megamotim. Douglas chegou a *IstoÉ* como estagiário e logo foi promovido a repórter. Saudavelmente, não se envergonha de confessar o medo que sentiu quando estava no olho do furacão que assolou a Casa de Detenção no último domingo."

Guardo até hoje as lições de Helio como um chefe hábil e paciente. Com o título de "Refém do Pavilhão 6", a reportagem ganhou destaque de capa. Hélio, Ramiro e Simas desdobraram o assunto explicando como aquela rebelião deu origem ao até então desconhecido Primeiro Comando da Capital (PCC), facção criminosa que comandava os presididos brasileiros: "Dentro do Carandiru, coração do maior levante de presos da história do País, o nosso repórter faz um relato dramático de vinte e quatro horas de terror".

Somente na manhã seguinte fomos libertados pelos detentos, líderes da rebelião, após uma negociação que durou a madrugada inteira com a polícia.

Preservo até hoje, com respeito, a minha primeira carteira como repórter profissional.

Naquele tempo, ainda como jornalista da *IstoÉ*, publiquei meu primeiro livro, que teve origem como trabalho de conclusão de curso na Faculdade Cásper Líbero. A obra foi lançada em julho de 2002 pela Editora Senac e, no decorrer dos anos, acabou se transformando em uma indicação, com relativa frequência, para alunos de Psicologia e Psiquiatria em universidades de saúde.

Com os direitos autorais daquele livro, consegui juntar dinheiro para comprar o meu primeiro apartamento, um pouco maior do que uma quitinete, bem em frente ao necrotério do Hospital Municipal do Tatuapé. Muitas vezes, acordava assustado de madrugada com os gritos de quem acabava de receber uma notícia de óbito.

A casa do delírio conta a história de pacientes do maior manicômio judiciário do Brasil, encravado entre as montanhas do município de Franco da Rocha, em São Paulo. Essa instituição foi considerada, nos anos 1950, um dos hospitais-presídio mais importantes da América Latina, tendo sido transformado nos anos 1960 em um "depósito de loucos".

Os pacientes enviados para hospitais de custódia e tratamento psiquiátrico são pessoas com transtornos mentais que cometeram algum tipo de crime e, por isso, segundo a lei, são considerados inimputáveis – ou seja, não podem responder pelos próprios atos por condição de saúde mental.

No livro, a minha ideia foi tentar humanizar um pouco tantas histórias dramáticas de brasileiros esquecidos talvez no último degrau da exclusão social. Foram vários casos. O caso do paciente esquizofrênico que protagonizou um triângulo amoroso com duas funcionárias do hospital de custódia. A triste história do homem que cometeu um único crime: roubou um brinquedo, foi preso, enlouqueceu na cadeia e acabou ficando trinta e cinco anos confinado como paciente com transtorno mental. E o episódio do psiquiatra que cuidou da saúde mental dos detentos no manicômio e, mais tarde, voltou para lá como paciente.

Durante um ano e meio, registrei esses e outros casos em visitas rotineiras ao presídio. Foram centenas de entrevistas com pacientes, familiares, psiquiatras e funcionários. Em 2000, o campeonato de futebol interno foi um episódio diferente. Depois da última partida, o artilheiro da competição e o goleiro do time perdedor se encontraram na enfermaria: nada grave, mas o goleador surtou de alegria e o goleiro, de tristeza. O livro virou uma obra recheada de histórias atípicas, trágicas, emocionantes e até algumas felizes.

No prefácio, o jornalista Marcelo Coelho, do jornal *Folha de S.Paulo*, opinou sobre *A casa do delírio*: "O leitor acompanha as histórias mais desconcertantes e terríveis da doença mental sem perder nunca o interesse, mas, claro, também sem perder nunca a dimensão do sofrimento dos personagens retratados". O psiquiatra forense Guido Palomba, membro emérito e ex-presidente da Academia de Medicina de São Paulo, escreveu gentilmente o texto de apresentação da obra.

O livro ganhou repercussão significativa na imprensa. Foi tema de reportagens nos jornais *Estado de S. Paulo* (com o saudoso jornalista de cultura Daniel Piza), *O Globo*, *Folha de S.Paulo*, entre outros. Fui entrevistado nos programas *De Frente com Gabi*, com Marília Gabriela, na sede do SBT em Osasco, e no *Espaço Aberto,* nos estúdios da TV Globo na Avenida Berrini, ambos em São Paulo. O programa da Globo News, já extinto, tinha como apresentador titular Pedro Bial, mas a minha participação naquele dia foi gravada com o jornalista Zeca Camargo.

No *Jornal da Band*, *A casa do delírio* foi tema de uma reportagem especial do repórter Pablo Toledo, atualmente executivo de sucesso da BYD no Brasil e até hoje um grande amigo. Fomos juntos a Franco da Rocha, no carro de reportagem da Band, para uma entrevista dentro do hospital de custódia. A autora da capa do livro foi a designer gráfica pernambucana Moema Cavalcanti, responsável pela criação de mais de 1,6 mil capas, além de ilustrações para a revista *Veja*. A obra dela em *A casa do delírio* recebeu menção honrosa no Prêmio Jabuti de 2003.

Esse tempo inesquecível de grandes amizades e profundo aprendizado se multiplicou, de fato, durante as quase duas décadas que me dediquei ao jornalismo da Rede Record.

Quando assumi a direção de jornalismo da emissora, eu estava com apenas 27 anos. Fui o executivo mais jovem a ocupar esse cargo na televisão brasileira. Dá para imaginar o que um jornalista com essa idade viveu em um mercado tão competitivo como esse após tanto tempo nesse cargo?

Eu pisei pela primeira vez na Record em janeiro de 2002. Fui contratado vindo da revista *IstoÉ* para trabalhar em um núcleo de jornalismo investigativo. Produzia e editava reportagens para diferentes telejornais da emissora. Depois, me tornei diretor do *Repórter Record*, programa semanal de documentários.

O apresentador Boris Casoy e os editores dele chefiavam um núcleo isolado dentro da empresa para produzir o *Jornal da Record*. Havia até uma parede de vidro que segregava a equipe do restante da redação, apelidada pelos funcionários de "muro de Berlim".

Ainda sem conhecer as regras internas, certo dia entrei no estúdio de gravação do *Passando a Limpo*, então programa de entrevistas apresentado por Boris, para cumprimentar um dos convidados, um ministro desembargador que era a minha fonte de informação no Superior Tribunal de Justiça. Faltava mais de uma hora para iniciar o programa.

— Ô, rapaz! Ei, rapaz! Quem é você? Quem autorizou você a entrar? — me abordou um dos produtores executivos de Boris, aos gritos, na frente da equipe técnica.

— Sou funcionário daqui. Só passei para dar um "oi" a um amigo de Brasília — tentei explicar, sendo imediatamente interrompido.

— Não importa, rapaz. Ninguém pode entrar aqui sem a minha autorização. Ninguém é ninguém, ouviu? Não me importa o motivo. Nem se você viesse aqui falar com o papa. Aliás, papa aqui na Record, não... bispo. Pode ir embora agora. O Boris vai começar a gravar já, já. Pode sair, por favor.

Pedi desculpas ao desembargador, que observava a cena boquiaberto, e me retirei. Era assim: algumas chefias de Boris Casoy impunham uma "linha dura" de gestão, bem controversa.

Em julho de 2004, interinamente, fui convidado a assumir o cargo de diretor de jornalismo interino após a saída de Luiz Gonzaga Mineiro, que havia migrado para o SBT. Essa direção não exercia nenhum tipo de comando no *Jornal da Record*, de Boris, que já começava a enfrentar as primeiras crises de audiência e questionamentos sobre o formato.

A presidência da Record havia me pedido que assumisse o cargo até a contratação de um diretor de jornalismo que seria selecionado entre as opções da concorrência. Não esperei as coisas acontecerem. Juntei a equipe que havia à disposição, fizemos diferentes ajustes na programação e acertos editoriais e passamos a executar um projeto próprio.

Dez meses depois, acabei efetivado na função. Em julho de 2009, fui promovido a vice-presidente de jornalismo.

Nos primeiros anos, o nosso departamento era pequeno, quase sem importância, com poucos profissionais, e ocupava uma fatia estreita da programação. Naquele tempo, a Record disputava as últimas posições no ranking de audiência entre as principais redes do país. Certas faixas horárias chegavam a pontuar traço no Ibope, quase sem nenhuma expressão no faturamento da empresa.

Ao lado de uma equipe extremamente talentosa, montada ao longo dos anos, criamos uma programação que até hoje está no ar. Eram onze horas diárias de noticiários e programas jornalísticos que, em certas faixas, lideraram a audiência por anos seguidos. Era uma operação de notícias com ampla lista de realizações que até hoje tenho muita honra de ter liderado.

Um dos meus primeiros desafios, como não poderia deixar de ser, foi conduzir a reformulação do *Jornal da Record*, que anos mais tarde se tornou o segundo telejornal mais assistido do Brasil. Implantamos outro modelo, mais ágil, versátil, com notícias curtas, informalidade, muitas participações ao vivo e duplas de apresentadores.

O primeiro par de jornalistas a assumir o novo *JR* foi Celso Freitas e Adriana Araújo.

Celso é um dos veteranos do jornalismo brasileiro. Ingressou no *Jornal Nacional* nos anos 1980, substituindo Sérgio Chapelin, que havia se mudado para o SBT. Apresentou os programas *Fantástico* e *Globo Repórter*, na TV Globo. Em janeiro de 2006, um mês após a saída de Boris Casoy, eu o convidei para ser titular do *Jornal da Record*, posição que ocupa até hoje.

Para compor a dupla com Celso, pesquisei vários nomes da televisão. Desde aquele tempo, uma repórter franzina – porém firme e que se agigantava ao surgir no vídeo – me despertava a atenção nas entradas ao vivo de Brasília, no horário do almoço na Globo. Muitas vezes, eu acompanhava o *Jornal Hoje* enquanto almoçava na minha sala. Estávamos em um momento de formação de equipe em que novos talentos ainda em projeção e sem espaço de crescimento na concorrência eram muito bem-vindos.

Adriana Araújo me encontrou em um restaurante no aeroporto de Brasília para acertamos os últimos detalhes do contrato dela na Record. Seria um salto e tanto na carreira, e eu acreditava no potencial dela. Havia a possibilidade de ela assumir outro jornal no fim da noite, mas eu tinha convicção de que ela seria um sucesso nos testes ao lado de Celso Freitas. Os dois desenvolveram um entrosamento de imediato. Era o equilíbrio certo para um jornal revigorado.

Passei semanas supervisionado a construção do novo *newsroom* da Record, com dimensões mais amplas e visual mais moderno, e selecionando um time de repórteres para atuar em São Paulo e nas principais capitais brasileiras, além de correspondentes no exterior. No total, quinze repórteres deixaram a Globo para trabalhar no nosso time.

Em 30 de janeiro de 2006, estreou o novo *Jornal da Record*. As audiências responderam na mesma semana. Tudo cresceu muito rápido. O jornal virou uma referência nacional, dando continuidade à estrada de êxitos pavimentada por Boris Casoy.

O *Jornal da Record* caminhava com sucesso, mas eu achava que podíamos dar um passo além. Eu queria reforçar o jornalismo com mais nomes de destaque e outros apresentadores com trajetórias consagradas. Até que, quando eu menos esperava, surgiu a oportunidade de contratar a jornalista Ana Paula Padrão.

Tive diversos encontros com Ana Paula na casa dela e em cafés na rua Oscar Freire. Quatro anos antes, ela havia deixado o *Jornal da Globo* para assinar um contrato com o SBT. A hoje apresentadora do *MasterChef*, na Band, estava insatisfeita com o horário de trabalho nas madrugadas.

Silvio Santos conduziu as negociações pessoalmente. Ela me divertia contando os altos e baixos nas tratativas com o apresentador, as constantes mudanças de horário do jornal, além das batalhas para estruturar um novo departamento de notícias no SBT.

Ana Paula passou a dividir com Celso Freitas a apresentação do *Jornal da Record* em maio de 2009. Além de ancorar as notícias, desenhamos um projeto em que ela produzia séries de reportagens e programas especiais. Não tenho dúvidas de que Ana foi uma peça importante no curso de crescimento da Record.

Com a entrada de Ana Paula, acertei a transferência de Adriana Araújo para ser correspondente da Record em Nova York e depois em Londres, mantendo a minha convicção de que ela teria um futuro brilhante na apresentação. Nunca deixei de vislumbrar isso e repetia essas palavras constantemente para ela.

Atuando fora do país, Adriana participou de coberturas marcantes do jornalismo. Na semana da morte de Michael Jackson, trabalhou mais de dezoito horas por dia na despedida ao astro do pop. No soterramento dos mineiros no Chile, narrou ao vivo a alegria das famílias durante o resgate dos trabalhadores engolidos pela terra. No terremoto do Japão, em 2011, enfrentou condições adversas, sem comida, sem água e sem descanso, enquanto transmitia informações para o Brasil.

Adriana retornou à bancada do *Jornal da Record*, refazendo a dupla com Celso Freitas, no início de 2013, após a ida de Ana Paula Padrão para a Band.

Antes, as duas protagonizaram um momento histórico no jornalismo.

Em novembro de 2010, Adriana e Ana Paula fizeram uma apresentação excepcional no *Jornal da Record* para entrevistar Dilma Rousseff, que, um dia antes, havia vencido as eleições para presidente do Brasil. A entrevista, exclusiva, foi a primeira de Dilma após a vitória nas urnas. Desde o fim do regime militar, nenhum presidente democraticamente eleito havia dado uma entrevista para outra emissora que não fosse a TV Globo. Tive a ideia de juntar duas mulheres para fazer perguntas à primeira brasileira presidente porque imaginava, naquele momento, que seria apropriado para representar a força feminina em ascensão no país.

O novo *Jornal da Record*, de fato, me trouxe a responsabilidade de gerenciar grandes coberturas políticas. Comandamos o jornalismo em quatro eleições presidenciais com entrevistas inéditas, diversos debates ao vivo e uma série de reportagens e sabatinas com os candidatos. De norte a sul do país, realizamos o mesmo tipo de operação em dezenas de disputas estaduais e municipais. Colocamos no ar uma quantidade incalculável de horas de apuração de votos em tempo real.

Fomos a primeira emissora a colocar um debate presidencial para ser transmitido no horário nobre, em pleno domingo, às 20 horas, com o intuito de gerar repercussão e consciência política entre os brasileiros. Foi na disputa à presidência da República em 2014. Os debates do primeiro e do segundo turnos, entre Dilma e Aécio Neves, bateram recordes de público sintonizado na Record.[87]

Ao longo da minha gestão, tive encontros institucionais com todos os presidentes da República: Luiz Inácio Lula da Silva, Dilma Rousseff e Jair Bolsonaro. Na última eleição que trabalhei pela Record, em 2018, organizei pessoalmente uma entrevista exclusiva com Bolsonaro, após o incidente da facada, exibida no mesmo dia e horário do debate presidencial na Globo.[88] A estratégia de programação foi gerar uma concorrência para chamar a atenção do público.

Em outubro de 2009, recebi Lula no Rio de Janeiro para a inauguração dos estúdios do complexo de novelas da Record. Eu já havia estado com o presidente diversas vezes anteriores, em Brasília e em São Paulo, para entrevistas ao *Jornal da Record*. Em todas as vezes, no fim, ele repetia o mesmo ritual de convidar cinegrafistas, produtores e auxiliares técnicos para uma foto em conjunto.

No caminho ao heliponto do local da visita no Rio, Lula me contava como havia sido a agenda do dia quando, de repente, interrompeu a conversa. Ele deu alguns passos fora do roteiro para ajudar um operário que havia deixado escapar umas das luvas enquanto retocava a pintura do prédio.

— Toma aqui, meu amigo. Cuidado para não cair da escada. Tá ficando joia, viu, companheiro? — disse, deixando o funcionário surpreso.

Também estive com Lula em outra inauguração da Record, em 2007, participando da recepção ao presidente e à comitiva na sede da empresa, em São Paulo. Na posse em 2011, fomos recebidos por Dilma em um encontro reservado no Palácio do Planalto, ao lado de autoridades internacionais como o presidente da Venezuela, Hugo Chávez.

O trabalho no jornalismo da Record – e mais adiante na CNN Brasil e agora no Times Brasil | CNBC – muitas vezes me fez ser recebido no Palácio do Alvorada e no Palácio do Planalto para discussões sobre os rumos da comunicação no país. Mantive o mesmo tipo de relacionamento com o Supremo Tribunal Federal, o Congresso Nacional, ministérios de governo e governos estaduais e municipais para sustentar as nossas fontes de informação e auxiliar no gerenciamento das redações.

Toda essa experiência no mundo político me gerou resiliência para suportar as pressões de liderar empresas de notícias no Brasil de hoje, muitas vezes com tantos ódios travestidos de convicções políticas e ideológicas.

E o reconhecimento do público e do mercado veio ao longo dos anos.

Durante o meu ciclo, conquistamos com toda a nossa equipe os maiores prêmios de jornalismo em sessenta e cinco anos de história da Record.

Foram dezenas no Brasil e no exterior, entre ele Prêmio Rei de Espanha, o maior prêmio de jornalismo das línguas espanhola e portuguesa; prêmios Esso, Vladimir Herzog, Libero Badaró, Embratel e Troféus Imprensa, entregues pessoalmente pelo concorrente Silvio Santos.

O então departamento de pouca relevância se transformou na segunda maior força do telejornalismo brasileiro, com as maiores audiências e faturamentos comerciais. No início dos anos 2000, a receita bruta com publicidade da empresa não ultrapassava 300 milhões de reais por ano. Em 2021, foram mais de 2 bilhões de reais.

Toda a estrutura de jornalismo erguida ao longo da minha gestão contribuiu para transformar a Record de quarto ou quinto lugar no ranking entre as emissoras em 2004, no atual segundo maior grupo de comunicação do país.

O meu pedido de demissão como vice-presidente de jornalismo da Rede Record, por exemplo, após dezessete anos na empresa, não foi uma decisão fácil. [...] Renunciei ao meu antigo emprego porque tive a oportunidade de abrir meu próprio negócio, mesmo sabendo que seria uma sociedade minoritária das ações.

– Douglas Tavolaro

CAPÍTULO 10

CURVA DO APRENDIZADO: NA HISTÓRIA DA TV BRASILEIRA

É inegável o valor do conhecimento acumulado na minha passagem de quase vinte anos pela Record para a existência do Times | CNBC e da CNN Brasil. As empresas foram erguidas do zero.

Sem dúvida, as marcas internacionais tiveram mérito ímpar. CNBC e CNN reúnem atributos incontestáveis, mas considero que o longo período de atuação na TV aberta me proporcionou um nível de experiência imprescindível para a fundação das duas empresas. A base de montagem e a execução no cotidiano das áreas administrativa, comercial, de programação e editorial nasceu como resultado desse trajeto percorrido.

A estruturação desses negócios não é um caminho de linhas retas, como em qualquer outro empreendimento. Exige perseverança, agilidade de decisões, simplicidade de métodos e autoconfiança, além de, sobretudo, ética e profissionalismo no zelo pelo jornalismo. O maior patrimônio do nosso tipo de negócio é a credibilidade. Sempre repeti isso no Times | CNBC, na CNN e na Record desde o dia zero das minhas gestões.

Empreender não é uma missão simples, como mostra o ensinamento número um de qualquer livro sobre liderança, ainda mais se tratando do mercado de mídia. Por isso, valorizo o aprendizado no período que vivi na Record.

O resgate de acontecimentos marcantes da minha passagem pela Record, além de ajudar a compreender a existência das duas mais novas emissoras de jornalismo do Brasil, reúne fatos inéditos envolvendo personagens conhecidos do público e bastidores não revelados das empresas de televisão.

Para mim, representaram vivências que me geraram amadurecimento profissional e de vida.

A partir de 2004, meus primeiros anos foram intensos e de completa transformação na Record. Muitas evoluções ocorreram ao mesmo tempo. Tínhamos como objetivo criar uma ampla programação capaz de atrair audiência diferenciada e ampliar o leque de anunciantes.

Foi o período em que a empresa decidiu iniciar investimentos em produção de novelas, eventos esportivos, reality shows e novos programas de entretenimento. Fez contratações de apresentadores como Marcio Garcia, Tom Cavalcante, Roberto Justus e um elenco de atores e diretores de dramaturgia. Adquiriu os direitos exclusivos da Copa UEFA e da Eurocopa, as maiores competições do futebol europeu na época. Realizou acordos de coprodução com a FremantleMedia e a Fox, assim como a compra de um pacote de filmes inédito da Universal Pictures.

Os investimentos em entretenimento cresceram e, pouco tempo depois, resultaram, por exemplo, no lançamento de *A Fazenda*, reality show maior concorrente do *Big Brother Brasil*, na contratação de Augusto Liberato, o Gugu, e até em um ousado contrato com a Televisa do México para a produção de telenovelas.

Em jornalismo, além da reformulação do *Jornal da Record* logo de início, eu propus a montagem de uma grade de informação dinâmica e ao vivo, que ocupasse o máximo de horas na faixa diurna. Era diferente de tudo o que havia na época.

A Globo disputava com o SBT o público infantil, que cada vez mais estava segmentado em canais de desenhos na TV paga. De um lado, *TV Globinho*, *Programa da Xuxa* e *Sítio do Pica-Pau Amarelo*. Do outro, *Chaves* e *Bom dia & Cia*. Na Globo, após às 8h30, as notícias só retornavam no horário do almoço.

Um trecho de uma das apresentações que realizei ao conselho de programação da Record, no fim de 2004, foi direto ao ponto com quatro questionamentos logo na abertura:

1. A audiência adulta interessada em jornalismo está sendo "renegada" na TV durante a manhã e no meio da tarde. Por que abandonamos esse público?

2. Por que não fazemos o público interessado em informação, em tempo real, ligar na Record nas primeiras horas do dia?

3. Quem sabe, uma audiência nova pode nos sintonizar e ficar conosco ao longo do dia. Por que não?

4. Aconteceu, vamos dar a notícia na hora, no mesmo momento. Vamos montar uma estrutura de produção de notícias que atenda a esse público órfão na TV, com horas e horas ao vivo. Por que não podemos fazer isso?

Tenho guardado até hoje esse documento contendo os pensamentos que guiavam as minhas sugestões à empresa. A proposta foi aceita.

Antes do foco na faixa da manhã, ocupada por um tradicional programa de culinária, a prioridade foi encontrar uma saída para os fins de tarde, que já sofriam com crises de falta de público.

Em julho de 2004, convidamos o jornalista Paulo Henrique Amorim para montar uma nova ideia inspirada no *Good Morning America* e no *Today*, programas de sucesso da TV norte-americana. Seria o embrião para um formato que revolucionaria as manhãs da TV brasileira. É importante lembrar que, à época, não existiam atrações como *Encontro com Fátima Bernardes* e *É de Casa*, ambos da Globo.

O programa, batizado de *Tudo a Ver*, era uma revista eletrônica que mesclava jornalismo e prestação de serviços com pitadas de entretenimento. As notícias eram transmitidas de maneira leve e descontraída, em conversas com os repórteres na rua e com um time de colunistas, sem formalidade.

Moda, saúde, beleza, gastronomia, segurança pública, economia e esportes. Tudo passava pelo *Tudo a Ver*. Ousamos até com conteúdos sobre estilo, educação, longevidade, finanças da família, educação e qualidade de vida. Uns mais, outros menos, todos os apresentadores e colunistas tiveram um papel vitorioso no sucesso do programa.

Paulo Henrique Amorim certamente implementou um toque especial. O estilo próprio e espontâneo, bem como a trajetória dele no vídeo foram essenciais. Ele havia sido correspondente da revista *Realidade* em Nova York e trabalhado na revista *Veja*. Na TV, passou pelas emissoras Manchete e Globo – onde também foi correspondente internacional –, além de Band e Cultura.

Anos depois, ainda na Record, Paulo Henrique assumiu o programa *Domingo Espetacular*, lançando o famoso bordão "Olá, tudo bem?". Acertei a transferência dele, conduzida de maneira harmônica, durante os quinze anos que permaneceu como titular da atração. Em junho de 2019, Paulo foi afastado da apresentação. Ele me escreveu naqueles dias lamentando a decisão da emissora e desejando sucesso para a CNN Brasil.

Menos de quinze dias depois, aos 76 anos, Paulo morreu em casa ao sofrer um infarto fulminante. Ele havia acabado de retornar de um jantar com amigos no Rio de Janeiro, quando passou mal. Para mim, parte do legado dele pode ser visto até hoje nas revistas eletrônicas que tomaram conta das manhãs na televisão.

Depois da implantação do *Tudo a Ver*, o nosso objetivo passou a ser transformar a grade matutina. Nasceu ali o programa *Hoje em Dia* – sugestão de nome que dei em referência ao veículo homônimo, de Minas Gerais, então de propriedade do Grupo Record, para quem eu realizava serviços de consultoria editorial.

O programa foi estruturado em uma parceria entre os núcleos de entretenimento e jornalismo. A ideia inicial era contar com três apresentadores âncoras: um jornalista, a modelo Ana Hickmann e o chef Edu Guedes. Ana e Edu, que em 2024 iniciaram um relacionamento amoroso, já haviam se destacado no projeto *Tudo a Ver*, ela como colunista de moda e ele, de gastronomia.

Ana Hickmann, por sinal, é um dos talentos que mais tenho satisfação de ter contratado para a televisão. Quando começou, ela não tinha toda essa capacidade atual de falar com as câmeras. Ana trocou o mundo das passarelas, após ser capa de revistas de moda e desfilar por grandes grifes em vários países, para se dedicar à carreira de apresentadora. Eu acompanhei de perto essa impressionante evolução.

O jornalista escalado para os testes no *Hoje em Dia* com Ana Hickmann foi ninguém menos que Marcelo Rezende.

— Pessoal, acho que não vai dar certo. O Marcelo não está feliz — afirmei, interrompendo o início da nossa reunião de programação.

— Mas como assim? Será um grande passo para a carreira dele. Vai participar de uma grande inovação da TV. É a chance de ele dar uma guinada na própria história profissional — argumentou Hélio Vargas, então superintendente artístico da Record.

Hélio, aliás, figura simpática e de ótimos papos, se tornou um dos principais colaboradores para o crescimento da emissora naquele tempo – ao lado de Paulo Franco, diretor artístico da Record. Dois nomes talentosos do entretenimento brasileiro e estrategistas de programação.

— Eu concordo, Hélio, mas o Marcelo tem uma personalidade forte. "Não" é "não" para ele. As conversas não têm sido boas.

Enquanto debatíamos a ideia, surgia na minha mente a lembrança das primeiras experiências de convívio com Marcelo Rezende. Quando eu fui promovido a diretor de jornalismo, ele já apresentava o programa *Cidade Alerta*, criado pela emissora nos anos 1990.

Para estrear o *Tudo a Ver* no fim da tarde, decidimos reduzir uma hora do tempo ancorado por Marcelo. Inocentemente, entendi que seria uma decisão comum para o dia a dia de uma emissora de TV.

— Nós não nos conhecemos direito, mas preste atenção: eu não vou entrar no ar hoje — disse ele, ao pisar de supetão na minha sala. — Eu não aceito essa loucura de diminuir o tempo do programa.

— Mas, Marcelo, essa é uma decisão da empresa. Ela é quem decide qual é a melhor estratégia de programação. Precisamos entender isso.

— Eu não quero saber. Fui contratado para ter as minhas horas. Ou você volta com o meu tempo ou não terá apresentador hoje — esbravejava, aos berros, em pé na minha frente.

— Tudo bem. A decisão é sua. Só me avise para eu preparar um substituto a tempo — respondi, tenso com a ideia de perder o apresentador de maior audiência da emissora com menos de seis meses no cargo.

Antes de sair, Marcelo desferiu dois murros seguidos em cima da minha mesa.

— Eu não estou brincando, amigo! Você não me conhece!

E saiu, virando as costas, furioso.

Imagine a minha cabeça, tendo pouquíssimo tempo de experiência. Foi a minha primeira crise interna na Record.

Passadas algumas horas, Marcelo pediu a um dos produtores que me avisasse que havia voltado atrás na decisão. Ele apresentou o programa, e eu consegui respirar aliviado. Dois meses depois, já com a redução do programa efetivada, Marcelo invadiu novamente a minha sala:

— Quer saber, Douglas? Eu gostei da mudança. O programa menor ficou com mais qualidade. Foi muito bom esse ajuste.

Eu apenas olhei fixamente para ele – e respirei profundamente.

Ainda no dilema sobre Marcelo Rezende na estreia do *Hoje em Dia*, uma notícia repentina interrompeu todo o planejamento. Dias antes de uma das últimas gravações, ele entrou na minha sala para comunicar que estava pedindo demissão.

— Demissão, Marcelo? Nós temos um contrato em vigência.

— Ninguém me quer aqui. Então, eu vou embora. Eu assumo a multa. Sem ressentimentos com você, Douglas. Mas a Record não gosta de mim.

Fiquei horas na emissora tentando fazer Marcelo desistir da ideia, mas não consegui. Ele assinou com a RedeTV! naquela mesma semana.

E o *Hoje em Dia*? Qual foi a solução? Tínhamos que cumprir a meta da estreia, porque, entre outros motivos, já existiam cotas vendidas para anunciantes. Vários nomes surgiram até que me encontrei com o jornalista Britto Júnior em um bar barulhento e desarrumado na Praça Vilaboim, em Higienópolis.

A ideia era não chamar a atenção. Britto atuava como repórter da Globo em São Paulo após passar pelas afiliadas da emissora em Caixas, no Rio Grande do Sul, e em Bauru, no interior paulista. Ao todo, estava há mais de vinte anos na Globo como um rosto conhecido do público.

Era preciso agir com ligeireza. Britto aceitou a proposta em menos de uma semana. Dias depois, quase sem nenhum teste anterior, o *Hoje em Dia* entrou no ar dobrando a audiência ao gerar um novo público jovem para as manhãs. O programa havia dado um passo adiante. E o nosso departamento havia perdido Marcelo Rezende.

Em setembro de 2010, recontratei Marcelo para a Record quando ele ainda era apresentador na Band. Essa etapa, infelizmente, se encerrou com a fatalidade da morte dele. Com o tempo, criamos laços estreitos de amizade e consideração. Foi um choque acompanhar de maneira íntima uma pessoa querida se despedindo de modo tão veloz e dramático, como contarei algumas páginas adiante.

Outro passo marcante no crescimento do jornalismo da Record foi o *Domingo Espetacular*, que esteve sob a minha supervisão durante quinze anos. Nos primeiros oito anos, funcionei praticamente como editor-chefe do programa, passando parte dos fins de semana na emissora. Acompanhava presencialmente o desenvolvimento da atração nos estúdios para monitorar a evolução, semana a semana.

Muitas decisões eram tomadas ali, no calor do momento, ou nas horas que antecediam a entrada do programa no ar. Eu promovia alterações no espelho – como é chamada a ordem das reportagens –, antes e durante a exibição, além de aprovar textos e edições das reportagens mais estratégicas. Muitas situações complexas, como a participação dos repórteres em caso de notícias urgentes ou as posições de *breaks* em noites acirradas de disputas de audiência, eram decididas na hora e interferiam nos resultados.

Assim, o *Domingo Espetacular* foi se transformando em um programa de jornalismo com foco em reportagens aprofundadas, buscando resgatar o que a mais antiga revista eletrônica do país foi no início, nas noites de domingo. Exibimos inúmeros conteúdos internacionais de altíssima qualidade, com destaque para o *Sixty Minutes*, jornalístico da TV norte-americana CBS com reportagens feitas por emissoras estrangeiras e entrevistas em primeira mão.

Os momentos mais notáveis, no entanto, vieram de reportagens produzidas pelas equipes no Brasil. O assassinato da ativista irmã Dorothy Stang foi um dos primeiros casos de repercussão no *Domingo Espetacular*. Em fevereiro de 2005, a missionária norte-americana acabou brutalmente executada por um pistoleiro no município de Anapu, no Pará. Irmã Dorothy lutava contra o desmatamento e dedicava a vida aos trabalhadores rurais da Amazônia. O caso ganhou o noticiário internacional nos jornais *The New York Times* e *The Guardian*.

Os produtores do *Domingo Espetacular* investigaram a atuação de grileiros e posseiros de terras, bem como outras mortes misteriosas na cidade onde Dorothy atuava com a Comissão Pastoral da Terra. Em várias reportagens, descobriram detalhes que ajudaram a polícia e a Justiça do Pará a desvendar a execução da religiosa. Ela foi vítima de um consórcio que envolveu fazendeiros no planejamento e na encomenda da morte.

O programa permaneceu acompanhando o caso ao longo dos anos. Mostrou, por exemplo, que as mortes no campo continuavam aumentando na Amazônia mesmo após irmã Dorothy ter perdido a vida. Outra equipe refez o caminho da Transamazônica, construída durante a ditadura militar, denunciando as sangrentas disputas por terra e a destruição da floresta em todo o trajeto. Os jornalistas percorreram cinco mil quilômetros em quase um mês na floresta amazônica.

Em 2016, outro furo de reportagem que ajudou o *Domingo Espetacular* a ser conhecido pelos brasileiros: a descoberta das férias escondidas de Suzane von Richthofen. A estudante que assassinou os pais foi flagrada, pela primeira vez em liberdade, tomando sol e fazendo compras na cidade litorânea de Ubatuba, em São Paulo. Após sete meses de trabalho investigativo, os produtores seguiram os rastros deixados por Suzane no Orkut, então rede social mais popular do mundo, e encontraram o paradeiro dela.

No domingo da exibição da reportagem, assim que eu pisei na Record, os chefes de redação me procuraram, afoitos, porque havia dúvida se o flagrante era ou não de Suzane. Pedi que checassem as imagens com um perito, às pressas. Estava confirmado: era Suzane. Imediatamente, autorizei as chamadas com o departamento de programação, e o conteúdo foi veiculado na mesma noite.

Foi a primeira vez que o *Domingo Espetacular* conquistou picos no primeiro lugar de audiência. A equipe era composta pelos jornalistas Gustavo Costa, Leandro Santana, Rafael Boucinha e Rafael Perantunes – todos profissionais que cresceram comigo na emissora e foram promovidos várias vezes no futuro.

Cada nova reportagem inédita assim, como a da irmã Dorothy e a de Suzane von Richthofen, levava para a tela da Record um perfil novo de público, como mostravam as pesquisas internas. Muita gente passou a conhecer o programa atraída pela força do conteúdo exclusivo.

Algumas reportagens, admito, me provocaram certo abalo pessoal.

A da queda do avião da Gol em uma reserva indígena isolada no Mato Grosso talvez tenha sido uma das mais impactantes para mim.

O repórter Raul Dias Filho e o cinegrafista Ricardo Bonifácio foram os primeiros profissionais da imprensa a chegar ao exato cenário do acidente, em setembro de 2006. A queda, provocada pelo choque no ar com um jato Legacy dos Estados Unidos, que nada sofreu no impacto, matou os 154 passageiros a bordo. A equipe conseguiu acessar a mata fechada com a ajuda de ribeirinhos e índios.[89]

Assisti às cenas na ilha de edição, antes de elas irem ao ar, no começo da tarde de domingo. Pareciam imagens tiradas de um filme de horror. Conforme a equipe se aproximava dos destroços do avião, surgiam cada vez mais pertences dos passageiros, pendurados em árvores ou destruídos no chão. As cenas eram tocantes. Foi impossível não se comover assistindo a tudo aquilo e imaginando as vidas perdidas em meio aos objetos espalhados na mata.

As reportagens de fôlego, com maior duração, passaram a se revelar um importante instrumento para o *Domingo Espetacular*. Criei o quadro "A Grande Reportagem" utilizando a experiência que tive como editor-chefe do Repórter Record, programa semanal de documentários.

Quem produzia esse conteúdo era o Núcleo de Reportagens Especiais da emissora, também responsável pelos programas *Câmera Record*, *Repórter Record Investigação* e especiais de fim de ano. No total, esse grupo produziu mais de mil documentários que foram exibidos no Brasil e no exterior sob o comando de um jornalista e gestor engenhoso: o diretor Rafael Gomide, que ingressou comigo como COO no Times Brasil | CNBC. Seu núcleo de produção rendeu à Record dezenas dos maiores prêmios de jornalismo no Brasil e no exterior.

A proposta era oferecer ao público do *Domingo Espetacular* a experiência de consumo do documentário. A ideia cabia dentro de uma revista eletrônica com três horas de duração. A iniciativa deu certo.

Os temas também quase sempre acertavam a mão.

Eu me lembro quando pedi uma "grande reportagem" sobre a trajetória de uma dançarina conhecida como Lacraia e a morte repentina dela, aos 33 anos. Negra, travesti e de uma família pobre do subúrbio do Rio de Janeiro, ela ganhou fama em todo o Brasil dançando funk.

Por vários anos, se apresentou na televisão com enorme sucesso. Líder nas paradas musicais nos anos 2000, a música "Égua Pocotó" foi trilha dos Jogos Olímpicos de Atenas. Em maio de 2011, porém, a morte repentina dela foi ignorada por praticamente todos os programas de jornalismo.

Pabllo Vittar e Gloria Groove não existiam naquele tempo. O *Domingo Espetacular* exibiu mais de quarenta minutos sobre o fenômeno Lacraia e como a travesti se colocou na linha de frente contra o preconceito.

Ainda na contramão do que era feito na televisão à época, propus uma ação ousada: uma outra "grande reportagem" para homenagear os 80 anos do empresário e apresentador Silvio Santos, que concorria em audiência com o próprio *Domingo Espetacular*.

Em dezembro de 2010, mostramos como o dono do SBT saiu da pobreza e construiu um império empresarial, tornando-se um dos maiores ícones da história da televisão brasileira. O tributo foi ao ar porque Silvio enfrentava uma grave crise no Grupo Silvio Santos, desencadeada por uma fraude bilionária no Banco PanAmericano.[90]

Jamais imaginaria que, no futuro, Silvio Santos seria uma das personalidades que mais reconheceriam a trajetória de conquistas da CNN Brasil, como já descrevi algumas páginas antes nos encontros reservados que tive com o apresentador. As palavras dele foram fundamentais para me ajudar a permanecer firme no propósito de fundar outra empresa de mídia, com o Times | CNBC.

O jornalismo aprofundado, de fato, marcou a história do *Domingo Espetacular*. Desde a estreia, foram centenas de conteúdos diferenciados que consolidaram o programa como uma forte opção nas noites de domingo. Estruturamos uma complexa engenharia de produção que até hoje gera farto conteúdo em especiais sobre saúde, alimentação, vida de artistas, viagem e mundo animal.

Os números provam essa subida acelerada.

As noites de domingo da Record passaram da quinta posição de audiência para o segundo lugar durante a minha gestão. Na estreia, em meados de 2004, em São Paulo, eu me lembro do *Fantástico* com 30 ou 35 pontos no Ibope, o programa de Silvio Santos com 17 ou 18 pontos e o *Domingo Espetacular* com menos de 5 ou 6 pontos. Menos de uma década depois, a Record registrava médias de 13 ou 14, ficando a 3 ou 4 pontos do primeiro lugar enquanto o SBT não passava de 8 ou 9 pontos.

No mesmo período, esse avanço também ocorreu com o jornalismo nas mais diferentes faixas horárias e em diversos dias. Isso tudo remando contra a fuga de público da TV aberta, que consumia cada vez mais as mídias digitais. Ou seja, o telespectador estava claramente trocando de canal e optando pelo jornalismo da Record.

Em setembro de 2010, me recordo de um dia emblemático dessa arrancada. A Record atingiu um fato histórico na cidade do Rio de Janeiro vencendo a TV Globo em toda a média do dia, das 7 horas da manhã à meia-noite. De acordo com os dados do Ibope, essa foi a primeira vez que a Globo perdeu no dia, na própria cidade-sede, em quarenta e cinco anos.

Mais de onze horas diárias da programação carioca eram sustentadas pela produção de jornalismo, local e nacional, administrada pela nossa central em São Paulo.

O projeto de jornalismo regional foi mesmo uma força e tanto nesse mapa de expansão da Record. Montamos uma grade com horários locais em dezenas de cidades, com noticiários pela manhã, no horário do almoço e no fim da tarde. O foco era aumentar o espaço das notícias com o desafio de ser uma grade competitiva que atraísse o público.

Viajei por anos para implantar estreias e revisar estratégias editoriais e de programação, e com isso criar um padrão de qualidade e uniformização do jornalismo em todo o Brasil. Dirigi uma quantidade incalculável de "pilotos testes" para telejornais e comandei o lançamento de mais de sessenta novos produtos locais e nacionais.

Revelamos dezenas de executivos em todo o país. Profissionais certos que lideraram outras equipes capazes de surpreender pelas séries de metas atingidas. Homens e mulheres que foram espalhados para liderar redações em São Paulo e em outras cidades, formando um time de primeira linha, com rendimentos formidáveis. Com frequência, me reunia com eles em viagens de norte a sul do país, conhecendo o jornalismo regional com profundidade.

Juntos, criamos uma campanha especial em celebração aos sessenta anos da Declaração Universal dos Direitos Humanos chamada "Jornalismo Verdade". Durante os intervalos comerciais, em outubro de 2008, foram exibidos vídeos das nossas reportagens que denunciavam problemas sociais.[91]

Administramos uma equipe com mais de mil profissionais e desenvolvemos uma estrutura nacional de produção que, até hoje, gera mais de oitocentas reportagens por dia.

A presença do jornalismo da Record no exterior também teve uma contribuição indubitável.

Viajei a cada uma das cidades-sede, com ou sem correspondentes, para implantar a estrutura de jornalismo: Londres, Tel Aviv, Joanesburgo, Tóquio, Lisboa, Washington e Nova York.

Assim que assumi a direção de jornalismo, curiosamente, houve uma série de catástrofes naturais pelo mundo. Após a minha experiência com o tsunami da Ásia, como já contei na conversa com colegas da CNN em Atlanta, enfrentei o desafio da cobertura do furacão Katrina.

As fortes tempestades atingiram o sul dos Estados Unidos deixando quase dois mil mortos e estragos em Nova Orleans, no estado da Louisiana. A Record foi a primeira emissora brasileira a chegar à área e mostrar ao vivo as destruições provocadas pelo furacão. O Katrina provocou a ruptura dos diques da cidade, deixando a região inteira praticamente submersa por vários dias.

O repórter Gilberto Smaniotto e a equipe chegaram a ficar ilhados em um viaduto com carros do exército. A única alimentação disponível era distribuída pelos aviões da força aérea estadunidense. Os brasileiros assistiram a tudo, em horas de transmissões com imagens comoventes como as dos resgates de idosos e crianças nas ruas inundadas ou entre os escombros dos prédios.

As eleições estadunidenses de 2008 também foram uma prova de fogo para um departamento recém-montado. Uma semana antes da votação, desembarquei em Washington com o apresentador Celso Freitas para coordenar as transmissões para o *Jornal da Record*. O nosso estúdio era localizado na sede da CNN, no terraço, com fundos para a Casa Branca.

Foram horas seguidas de entradas ao vivo para mostrar a vitória do ex-presidente Barack Obama após uma acirrada disputa contra o candidato republicano John McCain. A eleição do primeiro presidente negro dos Estados Unidos registrou um comparecimento recorde nas urnas, com mais de 130 milhões de eleitores.[92]

Com o tempo, tivemos outras coberturas especiais com presença singular do jornalismo da Record.

O ataque terrorista ao Bataclan, em Paris. A gripe suína. Guerras na Faixa de Gaza e a batalha entre Israel e Líbano, no Oriente Médio. As manifestações da Primavera Árabe, no Egito. Os terremotos no Haiti. O casamento real do príncipe do trono britânico William com Kate Middleton. O acidente nuclear de Fukushima, no Japão.

O desastre no território japonês, me recordo, chegou aos brasileiros com imagens difíceis de registrar. No exato momento em que o terremoto provocou o acidente na usina, o jornalista André Tal – outro repórter em quem apostei ainda jovem e que se tornou correspondente com menos de 30 anos – estava gravando uma reportagem em um shopping de Tóquio. Ele flagrou o exato momento do tremor da terra, escondido embaixo de uma mesa na praça de alimentação.[93]

O abalo foi um dos maiores já registrados no Japão. Durante cerca de dois minutos, a terra tremeu em quase todo o país. O terremoto de março de 2011 gerou o derretimento de três reatores da usina, liberando altos índices de radiação no ambiente. Assim que assistimos às imagens de Tóquio, ainda na redação do *Jornal da Record*, liguei para André Tal e o parabenizei pela coragem e pela determinação.

Fomos pioneiros em escalar o primeiro correspondente brasileiro da África, no fim de 2008, com o repórter Luís Fara Monteiro. Ele era responsável pelo noticiário do continente africano diretamente de Joanesburgo, na África do Sul. A ideia de colocar um repórter fixo lá foi abrir um espaço inédito para as notícias sobre o terceiro maior continente do mundo e o segundo em população, com mais de 800 milhões de habitantes.

As contribuições decisivas para a Record no Brasil, porém, vieram mesmo dos escritórios de Nova York e Washington. Foi uma lista de coberturas expressivas, com entradas ao vivo e reportagens diárias, que, a cada vez, ampliavam a força da marca do jornalismo.

A travessia ilegal de brasileiros na fronteira do México com os Estados Unidos. A crise econômica das hipotecas. A morte de Amy Winehouse por overdose. O ataque terrorista na boate gay Pulse, na Flórida. A revolução tecnológica com avanços da internet, de computadores, celulares e mídias sociais. Os escândalos sexuais em Hollywood e o surgimento do movimento #MeToo. A eleição de Donald Trump e ascensão da extrema-direita.

Ainda no trabalho fora do país, coordenei a implantação de telejornais para a Record Internacional, voltados aos brasileiros que residem no exterior. *Jornal da Record África*, em Angola e Moçambique, e jornais em Portugal transmitidos para a maior parte da Europa. A missão era igual: eu permanecia semanas, às vezes meses, nesses países para estudar o mercado local, desenvolver formatos, montar equipes, coordenar estreias e formar uma direção de jornalismo para permanecer no comando após a minha partida.

De volta ao Brasil, sem dúvida alguma atribuo as conquistas do jornalismo da Record a três pilares: a marca da informação ao vivo, os plantões de notícias e o jeito informal na apresentação dos telejornais. Esses progressos foram implementados em 2004, quando não se tinha os formatos e a espontaneidade da televisão de hoje.

Os telejornais concorrentes eram engessados e os repórteres, em grande parte, pareciam "robotizados". O comum eram matérias com repórteres surgindo presos a uma passagem de poucos segundos, em um close semelhante a uma fotografia três por quatro. Percebemos isso lá atrás através de uma série de pesquisas que apontavam nessa direção.

No *Fala Brasil*, jornal das manhãs, por exemplo, ainda nos anos 2000, implantamos uma série de entradas ao vivo, diariamente, com um giro de repórteres em diferentes cidades brasileiras. Contratamos novos talentos por todo o país. É impossível fazer um cálculo exato, mas ao longo do tempo admiti ou promovi pessoalmente centenas de repórteres.

O nosso mantra era o máximo possível de notícias ao vivo nos jornais e plantões para informações urgentes, o dia todo, no horário que fosse. A meta era fazer as pessoas ligarem na Record assim que soubessem que havia um fato importante ocorrendo. A notícia estaria lá, sem falta, no mesmo instante. A ideia era construir essa percepção nos brasileiros. E deu certo.

Sempre que existe alguma notícia urgente, até hoje, os números de audiência da emissora crescem.

A construção desse legado da notícia em tempo real, com a interrupção da programação para a exibição dos plantões, foi um pilar fundamental para a consolidação do crescimento. Fizemos isso inúmeras vezes enquanto as emissoras concorrentes ainda viviam o tabu de não interromper tanto a chamada "programação normal". Foi uma quebra de estigmas.

Alguns plantões foram simbólicos, como a eleição do papa Francisco. Exibimos horas no ar para mostrar o resultado da escolha dos 115 cardeais que integravam o conclave reunido no Vaticano. Em março de 2013, o argentino Jorge Mario Bergoglio acabou eleito para ocupar a vaga de Bento XVI. Foi o primeiro latino-americano a se tornar papa.[94]

Os telejornais da Record mostraram o ritual de escolha do novo papa e o histórico dos cardeais favoritos, além de curiosidades e explicações sobre a eleição. Foi um longo plantão durante os dois dias de votação. Assim que a fumaça branca saiu da chaminé da Capela Sistina, indicando que um novo papa havia sido eleito, a programação foi interrompida para a transmissão, ao vivo, das imagens da Praça São Pedro.

Essa não foi a primeira grande cobertura sobre os sumos pontífices durante a minha gestão na Record. Em 2007, a visita do papa Bento XVI ao Brasil envolveu uma estrutura especial do nosso jornalismo. Autorizei a entrada da Record no *pool* de emissoras para as transmissões da agenda do papa, concedendo imagens áreas do nosso helicóptero. Destacamos uma equipe com setenta profissionais exclusivos para esse trabalho.

Os eventos com maior concentração de público foram exibidos direto do Rio de Janeiro e de Aparecida, no interior de São Paulo, durante a Jornada Mundial da Juventude. Mostramos Bento XVI circulando de papamóvel com os vidros abertos abraçando fiéis e os encontros dele com políticos e religiosos. A permanência do papa no país foi acompanhada o tempo inteiro pelo nosso público.

Em 2008, dois casos de agressão contra menores de idade chocaram o Brasil e também geraram dias de plantões no ar. A morte da pequena Isabella Nardoni, de apenas 5 anos, parou o país. Ela foi jogada do alto do apartamento pelo próprio pai e pela madrasta. O mistério sobre a autoria do crime bárbaro se arrastou por um longo tempo.[95]

Sete meses depois, Eloá Cristina, uma jovem de 15 anos, foi mantida em cárcere privado durante mais de quatro dias pelo ex-namorado. O sequestro terminou com o assassinato da adolescente. Uma amiga de Eloá, que também estava sob domínio do criminoso, chegou a ser liberada do cárcere, mas, com a autorização dos policiais, voltou ao apartamento. Ela levou um tiro, mas sobreviveu. O sequestrador foi condenado a mais de noventa anos de prisão.

Os dois casos, ocorridos em São Paulo, mobilizaram a atenção do público de modo inimaginável. As equipes da Record mostraram tudo, em detalhes e em tempo real, para todo o país, abordando o drama das duas famílias. Fatos assim acontecem em todo o mundo, provocando o mesmo tipo de comoção e envolvimento da mídia.

Os nossos plantões se estendiam, ainda, como um imenso serviço de utilidade pública aos brasileiros. Vivemos isso com a greve dos caminhoneiros, mais recentemente, em maio de 2018. A televisão desempenhou um papel essencial para informar as pessoas em um momento que o país foi levado à beira do colapso.

Viramos o fim de semana com mais de quinze horas ao vivo por dia. As informações eram atualizadas o tempo todo. Foram dez dias de paralisação que interrompeu serviços como fornecimento de combustíveis e distribuição de alimentos e insumos médicos. Os caminhoneiros pediam a redução nos preços do óleo diesel.

Durante todo o período, as imagens da Record mostravam centenas de caminhões parados em todo o país, bloqueando rodovias. Produtos essenciais, como alimentos, também acabaram desabastecidos. As refinarias de petróleo foram bloqueadas. No auge, a greve atingiu 24 estados e o Distrito Federal. As autoridades não sabiam como reagir, e a situação piorava a cada dia.

As forças de segurança chegaram a ser convocadas pelo governo federal para desbloquear vias e garantir o abastecimento. Os nossos repórteres traziam todas essas informações, com flagrantes, entrevistas e depoimentos ao longo do dia, ajudando a informar e dar dicas à população. Foi uma situação jamais vista.

Toda essa experiência na gestão de grandes coberturas editoriais, no planejamento e na execução de projetos de jornalismo no Brasil contribuíram demais na implantação do Times | CNBC e até hoje me auxiliam na condução da empresa no dia a dia.

[...] atribuo as conquistas do jornalismo da
Record a três pilares: a marca da informação ao
vivo, os plantões de notícias e o jeito informal
na apresentação dos telejornais.

– Douglas Tavolaro

CAPÍTULO 11

MUITO ALÉM DA NOTÍCIA: ENCONTROS, REENCONTROS E DESPEDIDAS

No período de liderança do jornalismo da Record, também convivi com situações pessoais bem complexas. Uma bagagem de experiências essenciais para comandar um grupo de mídia que promete crescer tanto como o Times Brasil | CNBC. Em alguns casos, conduzi a cobertura de ocorrências em que, por vezes infelizmente, viramos a própria notícia.

Em fevereiro de 2010, por exemplo, o helicóptero da Record, batizado como *Águia Dourada*, caiu após sofrer uma pane no rotor de cauda. Eu estava em Vancouver, no Canadá, planejando as transmissões dos Jogos Olímpicos de Inverno quando recebi a informação.

— Acabou de acontecer. E parece que o nosso pessoal não vai resistir — me contou Clovis Rabelo, então um dos chefes de redação.

Eu não sabia o que falar.

— As informações ainda estão chegando, o nosso pessoal de apoio está acompanhando os bombeiros — acrescentou, agoniado.

Tive tempo e cabeça apenas para fazer uma recomendação:

— Me mantenha atualizado sobre o estado de saúde da equipe. E coloque no ar todas as notícias que forem necessárias. Vamos mostrar tudo de modo transparente.

O helicóptero caiu em uma área do Jockey Club de São Paulo. O piloto, Rafael Sobrinho, morreu e o cinegrafista Alexandre de Moura, apelidado pelos colegas de "Borracha", foi levado em estado grave para o hospital.

A aeronave havia acabado de registrar uma batida de automóvel quando sofreu a pane. Antes de perder o controle, o piloto havia se comunicado com o helicóptero da Globo, que acabou flagrando o exato momento da queda e o socorro às vítimas. Tudo foi ao ar na Record.

"Borracha" sobreviveu após várias cirurgias e mais de quarenta dias em coma induzido. No mesmo dia, ao fim da reportagem sobre o acidente, pedi que encerrassem o *Jornal da Record* em silêncio, com imagens da redação e sem os créditos finais, em sinal de luto.

Tempos depois, outra ligação com uma informação imprevisível. Era Thiago Contreira, outro dos nossos chefes de redação.

— O nosso repórter está preso e dizem que não vão soltar. Aprenderam todo o material dele. A polícia da Venezuela acabou de informar à nossa produção.

— Não é possível, Thiago. Vamos acionar o nosso jurídico e a embaixada do Brasil — sugeri.

O repórter Leandro Stoliar produzia uma reportagem investigativa sobre o esquema de corrupção nas empreiteiras citadas na Operação Lava Jato ao receber voz de prisão da polícia, sem a menor explicação. O jornalista e o repórter cinematográfico Gilson Fredy ficaram presos por trinta horas na sede do Sebin, Serviço Bolivariano de Inteligência Nacional, a polícia política do presidente Nicolás Maduro.

Detidos em Maracaibo, cidade do interior, os dois chegaram a ser transferidos algemados rumo a Caracas. Foram levados em um monomotor escoltados por quatro agentes com fuzil, touca ninja e colete à prova de balas.

O jornalista entrevistou Juan Guaidó, então político de oposição ao governo Maduro, e gravou entrevistas exclusivas sobre o desvio de dinheiro em obras financiadas pelo BNDES, o Banco Nacional de Desenvolvimento Econômico e Social, e executadas por construtoras brasileiras, como a antiga Odebrecht.

Assim que a equipe retornou ao país, extraditada, exibimos o conteúdo completo em uma série de matérias do *Jornal da Record*, inclusive denunciando o abuso de poder das autoridades venezuelanas.

Outra prisão de integrantes da Record que me marcou foi a do jornalista Roberto Cabrini, em abril de 2008. Dois meses antes, eu havia negociado a ida dele para a emissora com a meta de produzir grandes reportagens para o *Domingo Espetacular*. Cabrini apresentava um jornal de fim de noite na Band.

— O que alegaram para a prisão? Eu não acredito nisso. E onde ele está? Está bem? — eu perguntava, ao saber da informação por Armando Bortoletti, então produtor de reportagens policiais na Record, já no fim da noite.

— Não sabemos de mais detalhes. A polícia vai soltar uma nota à imprensa ainda hoje.

— Quero encontrar o Cabrini agora mesmo. Temos que ver como ele está. Eu preciso entrar naquela delegacia — pedi a Armando.

A polícia permitiu a visita. E lá estava eu, na carceragem do 13º Distrito Policial, no bairro da Casa Verde, em São Paulo, perguntando os detalhes da prisão para Cabrini, claro, preocupado com seu estado emocional.

— Você está bem? Como está a sua cabeça com isso tudo? — perguntei, sentado ao lado dele, em frente à mesa do escrivão.

— Estou tranquilo, Douglas. Só um pouco preocupado com a família, que não entende muito estas coisas. Eles ficam nervosos com isso tudo, mas não deixam de me apoiar.

O distrito estava agitado com a presença do apresentador que, apesar de tudo, se mantinha equilibrado. A delegacia abrigava celas especiais para presos com curso superior.

— Precisa de alguma coisa? Quer que eu faça algo?

— Só quero sair daqui. Mas estou em paz porque sei que armaram para cima de mim. E isso vai ficar claro, mais dia menos dia. Você vai ver, Douglas.

— Eu acredito, Cabrini. Estou do seu lado. E vamos nos posicionar em sua defesa e na defesa do seu trabalho como jornalista — reafirmei.

Dito e feito: no mesmo dia, autorizei a divulgação de uma nota à imprensa, em nome da Record, apoiando Roberto Cabrini. Nem todos na emissora foram favoráveis. Contamos que, durante a detenção, ele estava realizando um trabalho investigativo e que o departamento jurídico tinha sido acionado para acompanhar o caso.

Inicialmente, a versão oficial da polícia foi a de que o jornalista havia sido detido em flagrante acusado de tráfico de cocaína. Ele estaria acompanhado de uma mulher em um carro que escondia no porta-luvas pelo menos dez papelotes da droga.

Também divulgamos nos nossos telejornais uma carta de Cabrini afirmando ser "vítima de uma armação, em virtude de estar investigando assuntos que incomodavam muitas pessoas". Ele contou que eram investigações sobre uma facção criminosa e que no momento da prisão aguardava informações de uma fonte. Como era hábito, fazia reportagens sem a presença de cinegrafistas ou motoristas e usava o próprio carro.

Cabrini é reconhecido por uma vida profissional notável. Foi um dos mais jovens repórteres do telejornalismo brasileiro, iniciando sua carreira com 17 anos. Foi correspondente da TV Globo em Londres e Nova York. Cobriu cinco guerras: Afeganistão, Camboja, Palestina, Guerra dos Curdos e na Caxemira. Foi ele quem noticiou para o Brasil a morte de Ayrton Senna direto do autódromo de Ímola, na Itália. Apresentou programas na Bandeirantes e no SBT.

Em julho de 2011, três anos após a prisão, a Corregedoria da Polícia Civil de São Paulo concluiu que Cabrini tinha sido vítima de uma armação policial. Ele informou a polícia previamente sobre sua reportagem, mas acabou alvo de uma emboscada. Uma das hipóteses levantadas pela corregedoria era a ligação entre policiais envolvidos na armação e bandidos da facção criminosa.

Como é possível notar, o meu telefone sempre foi um para-raios para situações de emergência.

Em junho de 2013, recebi uma ligação do então prefeito de São Paulo, Fernando Haddad, ministro da fazenda do governo Lula em 2024, para esclarecer uma informação que estava sendo noticiada pela Record naquele momento. Ele queria deixar claro que permanecia na sede da Prefeitura enquanto as manifestações contra o aumento das tarifas de ônibus se inflamavam pelo centro da cidade.

— Estou acompanhando as imagens, prefeito. Os protestos parecem fora de controle — comentei.

Centenas de manifestantes, transtornados, tentavam invadir o prédio da prefeitura. A maioria cobrindo o rosto com pedaços de ferro e paus nas mãos. A tropa de choque protegia o edifício do lado de dentro. A explosão de um conflito era iminente.

— O seu repórter acabou de dizer que eu saí fugido daqui. Isso não é verdade. Estou aqui no calor da batalha — explicou Haddad.

Corrigimos a informação ao vivo.

Os atos só pioraram conforme a noite avançava. Já somávamos mais de seis horas de plantão, exibindo direto as imagens de hostilidade para todo o Brasil.

De repente, um grupo de manifestantes encurralou o carro de transmissão da Record, uma espécie de furgão que servia como unidade móvel de jornalismo. O cerco foi rápido.

— Mandem tirar a equipe! Mandem tirar a equipe! — gritei no meio da redação, indo e voltando em direção da minha sala. — Agora, agora! Tirem a equipe de dentro do carro!

A comunicação é comum entre a chefia de reportagem, que funciona na redação, e as unidades móveis circulando nas ruas.

A violência explodiu. Outro grupo de vândalos começou a depredar e pichar o carro. Pouco tempo depois, incendiaram o veículo. As chamas tomaram conta do carro em questão de segundos. Tudo narrado no ar, ao vivo.

Eu apenas coloquei a mão na testa:

— Meu Deus, cadê a equipe? Cadê a equipe?

Minutos depois, um dos produtores se aproximou com a informação de alívio:

— Consegui falar com o nosso técnico ao telefone. Todos escaparam antes. Foi questão de minutos. Saíram correndo quando perceberam que o carro seria tomado e incendiado pelos manifestantes.

Os atos de agressividade se espalharam pela cidade de São Paulo noite adentro. Em um efeito bola de neve, resultariam mais adiante em protestos espalhados por todo o Brasil, com invasões ao Congresso Nacional e a sedes de governo, e no início das pressões pelo impeachment da presidente Dilma Rousseff.

O carro da Record destruído se transformou em um dos principais símbolos da violência sofrida pela imprensa durante as manifestações daquele ano.

O vandalismo também foi mostrado ao vivo pela Band, pela Globo e até pela CNN International. Na mesma noite, o *Jornal Nacional* classificou o ataque como uma atitude lamentável e um prejuízo ao trabalho da imprensa.

Atravessar correndo o meio da redação, em factuais de última hora, era praxe para mim. A minha sala na Record ficava de portas abertas no mesmo andar das produções de jornalismo.

— Gente, a Rede Mulher! A Rede Mulher! Liguem lá e peçam o sinal ao vivo imediatamente!

Os meus gritos eram um pedido, também para a chefia de reportagem, com o objetivo de exibir na Record mais um plantão: a queda do avião da TAM, o maior acidente da história da aviação do país.

Em julho de 2007, a aeronave não conseguiu parar na pista do Aeroporto de Congonhas e passou sobre a Avenida Washington Luís, em São Paulo, colidindo com um prédio da mesma companhia. Todos os 187 passageiros morreram, além de outras doze pessoas que estavam em solo.

No momento do acidente, chovia e o avião, um modelo Airbus A320, estava com um dos reversos – parte do sistema de freio – desativado, e os pilotos não conseguiram parar o avião.

A sede da Rede Mulher, então emissora do Grupo Record, ficava a poucos quarteirões do local, na conhecida Avenida Miruna, no bairro de Moema. Alguns meses à frente, iria se transformar em Record News e preparava a desocupação parcial do prédio. Só restava uma única equipe técnica em toda a empresa, com apenas três pessoas, e foi ela quem conseguiu gerar as primeiras imagens do desastre, direto do terraço do edifício.

Foi um episódio doloroso para o Brasil.

Naquele ano, a Record News se tornou um dos lançamentos da empresa no sentido da expansão das operações. O ex-presidente Lula participou da inauguração no dia do aniversário da empresa. Mais tarde, em 2009, também estreou o R7, uma das maiores plataformas digitais do país. Nesse tempo, foram ainda anunciadas as aquisições dos direitos de transmissão exclusivos dos Jogos Olímpicos de Inverno, de 2010, e dos Jogos Olímpicos de Londres, em 2012. Foi a primeira vez que as competições não foram transmitidas pela Globo.

O acordo com o Comitê Olímpico Internacional, o COI, envolveu ainda os direitos dos Jogos Olímpicos no Rio de Janeiro. Em paralelo, exibimos três edições dos Jogos Pan-Americanos: no Rio, em Guadalajara e em Toronto.

Para realizar as transmissões, implantei um novo departamento de esportes, com a chegada de nomes conhecidos desse setor do jornalismo. Efetuei contratações de um time de ex-atletas comentaristas, entre eles Oscar Schmidt; Robson Caetano; Magic Paula; Fernando Scherer; o Xuxa; e até a lenda do futebol, Romário.

Muitos fazem parte do meu círculo de amizades até hoje.

Procurei desenvolver um estilo de gerenciamento em que me mantinha próximo aos talentos de vídeo. Eu me reunia com os âncoras e repórteres em almoços e jantares, festas de aniversário, casamentos, encontros com as famílias ou mesmo em descompromissadas rodadas de cerveja. Geralmente, contornávamos muitas crises na mesa de um bar ou de um restaurante em meio a um bom bate-papo. E elas sempre surgiam quando menos se esperava.

De divórcios e brigas com filhos a pedidos de aumento salarial, frustração com a carreira e até guerras entre apresentadores do mesmo programa. Pesadelos com os baixos índices de audiência, dilemas sobre o conteúdo dos programas e dicas para as estratégias de programação da Record. Quando o assunto era esse, a maioria, ao fim, sempre fazia o mesmo pedido: exibir o desenho *Pica-Pau* antes da atração que apresentavam.

Desde 2006, o pássaro de cabeça vermelha, corpo azul, mãos brancas e atitudes que infernizam qualquer um era um arrasa-quarteirão nos números do

Ibope. A aquisição do desenho foi feita em um acordo com a Universal Pictures. Chegou a ser primeiro lugar de audiência por anos seguidos nos mais diferentes horários em que era escalado – e ele nunca decepcionava. Brincávamos que o melhor camarim da Record era o do Pica-Pau e ninguém abria mão disso.

É preciso reconhecer que a maioria dos jornalistas de vídeo com os quais convivi, dos nomes consagrados aos talentos descobertos, sempre demonstrou gratidão. Muitos começaram praticamente como anônimos. Apostávamos em novos nomes quando nenhuma emissora acreditava neles ou ao enfrentarem a limitação de espaço nos concorrentes.

Até hoje, existem frutos desse garimpo de contratações. Do total dos 25 apresentadores dos telejornais e programas jornalísticos da Record no ar em 2022, eu negociei diretamente a aquisição de dezessete deles. Outros tantos já saíram da emissora e alguns faleceram.

Adriana Araújo, Ana Paula Padrão, Celso Freitas, Celso Zucatelli, Cesar Filho, Comandante Hamilton, Domingos Meirelles, Eder Luiz, Fabiana Scaranzi, Heródoto Barbeiro, José Luiz Datena, Luiz Bacci, Marcelo Rezende, Marcos Hummel, Milena Ciribelli, Paulo Henrique Amorim, Percival de Souza, Roberto Cabrini.

Uma outra parte foi revelada ao longo da nossa gestão.

Álvaro Garnero, Ana Hickmann, Carla Cecato, Chris Flores, Edu Guedes, Eduardo Ribeiro, Fabiola Gadelha, Fabíola Reipert, Geraldo Luís, Larissa Alvarenga, Lidiane Shayuri, Luciano Faccioli, Mauro Tramonte, Olivier Anquier, Keila Gimenez, Patrícia Costa, Patrícia Maldonado, Reinaldo Gottino, Renata Alves, Renato Lombardi, Roberta Piza, Salci Lima, Thalita Oliveira, Tina Roma, William Travassos.

Isso para citar apenas alguns nomes.

Mas nem tudo era paz e amor o tempo inteiro.

Muitas vezes, recebia a dura notícia de algum deles trocando de emissora para atuar diretamente na concorrência. Ninguém gosta de enfrentar decisões como essa, mas, no fundo, compreendia os motivos de cada um e as circunstâncias pelas quais o mercado se movimentava.

Os pedidos de demissão aconteciam de todas as formas, com ou sem quebras de contrato. Um dos acordos mais relâmpagos que vivi foi com José Luiz Datena, que permaneceu na Record somente por quarenta e três dias.

Em junho de 2011, eu o contratei após meses de conversas e inúmeras idas e vindas nas negociações. Morávamos no mesmo condomínio do Tamboré, em São Paulo, o que facilitou nossos encontros. Tínhamos como amigo em comum um outro vizinho, o Comandante Hamilton, que foi quem nos apresentou.

Datena foi um estrondo de audiência no fim dos anos 1990 no comando do *Cidade Alerta*. Começou como repórter e locutor esportivo em emissoras de Ribeirão Preto e, em seguida, na TV Globo e Bandeirantes.

Ele tem um estilo "bruto" no jeito de falar, mas é uma pessoa extremamente generosa. Quando estávamos a sós, colocando o papo em dia, passávamos horas dando risada com assuntos fora do trabalho. Uma pena que a passagem dele pela emissora, durante a minha gestão, não tenha dado certo.

No dia em que Datena rescindiu o contrato, eu acompanhava o programa na minha sala. Logo notei nele um tom diferente durante o jornal. No encerramento, ele se despediu do público com uma mensagem enigmática:

— Muito obrigado. E até um dia.

Horas depois, recebi uma notificação do advogado de Datena comunicando seu desligamento.

Sua saída repentina se desdobrou em um imbróglio jurídico com a Record. Acompanhei à distância a atuação dos advogados, mas tinha noção do tamanho do nó.

A quebra do contrato de cinco anos, com menos de um mês no ar, fez a emissora exigir o pagamento da multa. E com um ponto agravante: quando Datena voltou à Record, ele assinou um documento em que confessava a dívida pela multa de outro contrato, também rompido com a emissora, em 2003. Naquele ano, ele saiu para assumir um programa no mesmo estilo na Bandeirantes. Esse débito somente seria quitado com o cumprimento do novo acordo.

Com Luiz Bacci, vivemos uma situação semelhante. Eu estava a caminho de uma viagem para Brasília, no saguão do Aeroporto de Congonhas, quando o avistei se preparando para uma entrada ao vivo. Ele era repórter do SBT Brasil. Pedi a um dos nossos chefes de redação que acompanhasse o trabalho dele mais de perto, a partir daquele dia.

Bacci logo começou a se destacar na apresentação de jornais locais no Rio de Janeiro, também no SBT. Em novembro de 2010, incumbi a direção de jornalismo da missão de contratar o jornalista para assumir edições locais da Record Rio. Foi um sucesso. Ao mesmo tempo, Bacci passou a integrar o time de repórteres do Cidade Alerta, com Marcelo Rezende, que o transformou no personagem "menino de ouro".

Tempos depois, uma surpresa: Bacci havia assinado contrato com a Band, quebrando o nosso acordo de quatro anos. Ele assumiu um programa de auditório nas tardes da emissora. Não houve tempo de realizar uma contraproposta nem de dialogar com Bacci. Foi tudo muito rápido.

Passado um período, o apresentador enfrentou certas barreiras com sua atração na Band até que sugeri a recontratação dele. Estávamos com dificuldades de audiência em algumas faixas do dia, nos horários nacionais. Em maio de 2017, Bacci assumiu a apresentação do *Cidade Alerta* após o anúncio da doença de Marcelo Rezende.

Em meio às saídas e chegadas de apresentadores, um nome atuou sempre como coringa para a nossa equipe: o apresentador Reinaldo Gottino. Coringa pela versatilidade e a plena disposição para as empreitadas do departamento.

Convidei Gottino para trabalhar na Record quando ele era repórter na TV Gazeta e da rádio CBN, do Grupo Globo. A narração que realizou em um evento beneficente na antiga Rede Mulher me despertou a atenção.

O jornalista ancorou telejornais da emissora – em praticamente todos os dias e horários – e inúmeros plantões de temas internacionais a esportes, de segurança pública a política. Poucos profissionais de televisão no Brasil têm o talento de Gottino.

Com o tempo, fixei o apresentador como titular de um jornal mais descontraído no horário do almoço, o Balanço Geral. Mais de três horas por dia com notícias em tempo real, repórteres de várias partes da cidade e quadros sobre celebridades. Mudamos o programa incontáveis vezes até alcançar o formato atual, que atraiu o público.

Acompanhava o programa da minha mesa, com o telefone direto no ramal da sala de controles, onde ficava o editor-chefe, por anos seguidos. Várias evoluções foram construídas dessa maneira, até que a atração passou a liderar a audiência nos começos da tarde. Os números do avanço no horário são incontestáveis.

Em setembro de 2019, contratei Gottino para a CNN Brasil.

À época, ele se dizia em um momento de decepção com a Record e que estava decidido a deixar a empresa, de uma forma ou de outra. Oito meses após sua estreia, Gottino pediu demissão da CNN e retornou à Record. Um dos episódios mais marcantes foi uma discussão que teve com a advogada Gabriela Prioli, comentarista de *O Grande Debate*.

Considero Gottino um amigo próximo até hoje. Sempre ouvi falar que as amizades no trabalho tornam as pessoas mais criativas e produtivas. O jornalismo da Record cresceu assim. É claro que existiam afinidades e discórdias em todos os ambientes do departamento, mas uma relação estreita ligava boa parte da equipe. Uma espécie de senso de camaradagem, sobretudo, entre os alicerces de comando.

Isso porque, talvez, a maioria das chefias cresceu comigo na empresa. Jovens com pouca experiência, em início de carreira, mas que abraçaram oportunidades únicas e geraram um imenso nível de produtividade. Uma geração de jornalistas, parte contemporâneos da faculdade onde me formei, comprometida com um projeto de entrega de resultados.

A maioria era companheira em noites de bebida. Mantínhamos uma certa rotina para conversas mais relaxadas. Dividíamos o bar para falar sobre circunstâncias da empresa, rir de situações rotineiras e, por fim, quase sempre buscar ideias e inspirações para aprimorar o trabalho e desenvolver novos projetos para a emissora.

Inicialmente, recrutei uma equipe líder com aproximadamente trinta nomes vindos de jornais, portais, revistas e outras emissoras, ou mesmo dentro da Record – perdidos no meio do modelo da gestão anterior – para se tornarem executivos de ponta no jornalismo.

Muitos desses profissionais permaneceram na Record após a minha saída. Outros seguiram comigo para a CNN Brasil ou estão na linha de frente do Times | CNBC.

Vivenciamos esse senso de união e confiança mútua também em momentos angustiantes, como, por exemplo, no caso das mortes de Gugu e Marcelo Rezende.

Ícone na televisão, Gugu havia sido contratado pela Record em agosto de 2009 para apresentar um programa de domingo, em uma fase de disputa ferrenha com o SBT. O contrato teve um dos valores mais altos na história da TV brasileira. O *Programa do Gugu* ficou no ar até junho de 2013, quando foi encerrado por uma série de razões envolvendo a viabilidade econômica do projeto.

Nesse tempo, me aproximei de Gugu. Ele começou a carreira no SBT, ainda adolescente, trabalhando na produção do *Domingo no Parque*, de Silvio Santos. Seu primeiro grande sucesso de auditório foi o programa *Viva a Noite*, exibido aos sábados.

Na década de 1990, passou a dividir a grade de domingo do SBT com Silvio Santos, até que se transformou em um fenômeno de público com o *Domingo Legal*, em brigas históricas com o *Domingão do Faustão*, da Globo.

Em 2015, a nova direção artística da Record decidiu recontratar Gugu para ocupar as noites de quarta-feira. Fui convocado para assumir o comando do programa. Qualquer jornalista poderia resistir ao convite, por preconceito com esse tipo de entretenimento ou qualquer outro motivo, mas nós aceitamos o desafio.

Convoquei uma equipe de jornalistas para abraçar o programa com foco no "resgate" do prestígio e da força de Gugu. O programa superou as expectativas e se consolidou como uma opção para o público feminino, em contra programação às transmissões dos jogos de futebol na Globo.

A nossa amizade se fortaleceu.

Em novembro de 2019, quando eu já havia saído da Record, Gugu me mandou uma mensagem pelo WhatsApp cumprimentando pela CNN Brasil. Ele escreveu: "Estou voltando de viagem. Vamos marcar o nosso almoço. Parabéns pelo sucesso da CNN".

Foi a última mensagem que recebi de Gugu, ainda preservada no celular.

Dias depois, o apresentador caiu de uma altura de 4 metros na cozinha de sua casa em Orlando, nos Estados Unidos. Ele foi levado para o hospital inconsciente, mas teve morte cerebral.

Em uma manhã chuvosa de quinta-feira, participei do velório de Gugu na Assembleia Legislativa de São Paulo ao lado dos jornalistas que trabalharam comigo no programa dele. Um evento aberto ao público que contou com familiares, amigos e milhares de fãs.

Cenas lamentáveis conservadas na memória.

Dois anos antes, em setembro de 2017, eu havia estado na mesma Assembleia Legislativa para me despedir de outro nome querido da televisão brasileira e um amigo que o trabalho me presenteou. A fila de fãs que passou pelo caixão de Marcelo Rezende se estendeu ao longo do dia e chegou a dobrar quarteirões.

Tudo o que aconteceu foi muito súbito e brutal.

— Preciso falar com você a sós e urgente.

Foi assim que Marcelo me parou no corredor da Record, em maio de 2017, para me revelar sobre sua doença.

Sozinho na minha sala, desabafou:

— Todos os sábados pela manhã vou à padaria vizinha de casa, lá em Alphaville, para comer um lanche de queijo. Por causa da dieta, faço uma "contagem regressiva" para o sábado chegar. Neste último fim de semana, estava sem nenhuma vontade de ir à padaria. Achei estranho e decidi fazer alguns exames.

Marcelo contou que havia passado dois dias internado no Hospital Albert Einstein para a realização de um check-up. E que as notícias não eram boas:

— Estou com câncer no pâncreas e parte já está espalhado no fígado.

Eu tomei um susto. Não soube como reagir nem quais eram as palavras certas para falar naquele momento.

— Eu sei que é uma notícia difícil, Douglas. Mas vou batalhar para sair dessa. Já enfrentei coisas ruins assim na vida. Não é agora que eu vou desistir.

Ele continuou contando detalhes do seu diagnóstico, as recomendações médicas e o planejamento que tinha montado para encarar a doença. Eu apenas me levantei e disse:

— Marcelo, conte comigo. Para o que precisar e na hora que você precisar. Estarei ao seu lado o tempo todo.

Dias depois, ele se afastou do trabalho para cuidar da saúde.

Antes de realizar a primeira sessão de quimioterapia, me pediu para dar uma entrevista ao programa *Domingo Espetacular* com a intenção de contar ao público o que estava vivendo. Disse que considerava importante esse tipo de satisfação para quem acompanhava sua carreira havia tantos anos. Também entendia que a batalha contra a doença deveria ser tratada de maneira direta e transparente.

— Eu não tenho medo da morte, porque o homem que tem fé não tem medo, ele sabe que irá vencer — falou, em rede nacional.

Durante o período em que esteve fora do ar, usou as redes sociais para manter contato com o público. Ele tinha uma incrível quantidade de admiradores em todo país, ampliada pela última fase que passou na Record, a partir de 2012.

Marcelo começou sua trajetória na rádio Globo e depois no jornal *O Globo*, onde trabalhou como redator. Foi contratado pela revista *Placar* antes de se tornar repórter de esportes na TV Globo. Nos anos 1990, se destacou como repórter investigativo e conquistou notoriedade com o caso da Favela Naval, em que policiais foram registrados por um cinegrafista amador torturando e atirando em moradores do município de Diadema, em São Paulo.

Consagrado como repórter policial, foi apresentador do programa *Linha Direta*, que reconstituía crimes não solucionados. Passou pela RedeTV e pela Band.

Quando o convidei para reassumir o comando do *Cidade Alerta*, ele se reinventou como apresentador. Com uma dose de irreverência, mudou o jeito de fazer programa popular na TV.

Entre denúncias e notícias pesadas, encontrou espaço para o bom humor. Transformou repórteres em personagens, deu apelidos à equipe técnica e criou uma interação especial com o comentarista Percival de Souza. Consagrou bordões como "Corta pra mim" e "Põe exclusivo, minha filha".

As inovações deram certo. Com personalidade e sempre cobrando providências das autoridades, multiplicou seu público e consolidou audiências jamais atingidas no horário.

Em sua última aparição aos fãs, gravou um vídeo no Instagram dizendo estar confiante na cura.

— É como uma montanha-russa, mas o importante é que estou firme — postou.

Marcelo já estava mais magro e abatido. As sessões de quimioterapia duraram meses. Sem ver resultados, decidiu buscar métodos de tratamento alternativos. Eu o visitei com frequência em sua casa nesse período e também recomendei que não abandonasse a quimioterapia. Era o desespero de quem lutava contra uma enfermidade incurável.

Um dos amigos em comum com Marcelo à época, o jornalista Roberto Munhoz, lembra do dia em que o apresentador, ainda sem saber que seria vítima de câncer, aceitou visitar um fã, acometido com a mesma doença, na UTI de um hospital em São Paulo. Era um dos últimos pedidos do jovem de quase 20 anos, que cresceu assistindo Marcelo na TV e sonhava cursar jornalismo caso a enfermidade não o tivesse impedido.

Munhoz, que esteve junto na visita, recorda o abraço afetuoso dos dois durante minutos, em silêncio, diante do olhar comovido dos familiares. O jovem morreu menos de uma semana depois.

A cada visita que eu fazia, Marcelo parecia mais cansado e com dificuldades de respiração. No início, conversávamos na sala de sua casa, mas, com o tempo, não conseguia mais se levantar da cama. Passávamos as visitas dentro do seu quarto, entre entradas e saídas de enfermeiros.

Na manhã de terça-feira, 12 de setembro de 2017, um dos chefes de redação da Record me pediu que visitasse Marcelo, às pressas:

— Ele está reclamando muito de dores, mas não quer ser internado. Ele precisa ouvir alguém, Douglas. Você precisa ir lá.

Poucas horas depois, eu estava no quarto com Marcelo. Ele estava debilitado, falando com lentidão, mas consciente. Assim que aceitou ser levado para o hospital, pedi uma ambulância de resgate para realizar o transporte de Alphaville até o Hospital Moriah, em São Paulo.

Acompanhei o trajeto dentro do veículo, sentado ao lado de Marcelo, que já estava sedado para a diminuição das dores. A ideia era tentar oferecer o máximo de dignidade e conforto para ele. Foi a última vez que conversei com Marcelo.

Ao chegarmos ao hospital, foi encaminhado direto para a UTI. Familiares começaram a chegar. Cinco filhos de cinco esposas diferentes. A notícia havia começado a circular na imprensa. Todos queriam saber o estado de saúde de Marcelo. Ele havia contraído uma forte pneumonia provocada pela baixa imunidade em função do câncer.

Ao lado de outros colegas do jornalismo, permaneci no hospital durante a maior parte do tempo. Parentes de longe, amigos e colegas da emissora passavam para se despedir do apresentador.

No sábado, Marcelo não resistiu.

Ele morreu exatamente às 17h45, horário em que seu programa iniciava na Record, vítima de falência múltipla dos órgãos, como informou o registro de óbito.

Do dia da conversa com Marcelo Rezende, na minha sala, até aquele instante de sua morte, foram menos de cinco meses.

Cinco meses. Uma fração de tempo. Um sopro.

As últimas páginas foram uma versão condensada do período que vivi na Record.

É impossível contar tudo o que me marcou ao longo desse tempo. Eu precisaria de um outro livro para contar tantas situações que presenciei nesse percurso à frente do jornalismo da emissora. Juntamente com essas lembranças especiais, guardo gratidão por cada um dos profissionais que atravessou comigo essa jornada, citados ou não aqui.

Esse reconhecimento ao valor das minhas equipes nunca me deixou mesmo em 2024, nos tempos de montagem do Times | CNBC. A recíproca tem se demonstrado verdadeira. Até hoje, recebo inúmeras ligações e mensagens de amigos da época com vibrações torcendo pelo novo empreendimento. Relações que nos fazem pessoas melhores a cada dia.

Procurei desenvolver um estilo de gerenciamento
em que me mantinha próximo aos talentos de
vídeo. [...] Geralmente, contornávamos muitas
crises na mesa de um bar ou de um restaurante
em meio a um bom bate-papo. E elas sempre
surgiam quando menos se esperava.

– Douglas Tavolaro

CAPÍTULO 12

CNBC COM EXPERTISE BRASILEIRA: PATRIMÔNIO DE CREDIBILIDADE

Olhar para o topo de um arranha-céu de setenta andares me dá certa sensação de desequilíbrio. Sinto isso todas as vezes que me aproximo do icônico edifício Rockefeller Center, hoje chamado de Comcast Building, sede da NBC, e dou comigo mirando para o alto da construção de 266 metros de altura que virou um dos símbolos da cidade de Nova York.

Na entrada do prédio, entre a quinta e a sexta Avenidas, cravada na parede, é possível ver em dourado a marca do pavão, célebre logotipo da Comcast NBCUniversal. Foi lá onde fechamos o acordo de licenciamento exclusivo do Times Brasil | CNBC.

O Rockefeller Center abriga muito mais do que a obra de um magnata do petróleo que ajudou a reerguer a economia de Nova York após os piores anos da Grande Depressão, na década de 1930. Muito mais que o fascínio da pista de patinação que encanta turistas nos invernos da cidade. Mais que os concertos do Radio City Music Hall, a deslumbrante vista do Top Of The Rock – mirante do edifício – ou a árvore de natal gigante, iluminada todos os anos por milhares de luzes multicoloridas, na calçada em frente às bandeiras dos países membros da ONU.

O Rockefeller Center sedia a história do jornalismo mundial com os estúdios da NBC há mais de oito décadas.

Os programas mais tradicionais da TV americana são gravados ou exibidos ao vivo de lá, como o *Today Show*, *Saturday Night Live* e *The Tonight Show*, com o apresentador Jimmy Fallon. A NBC News tem um estúdio no nível da rua, cujas janelas levam ao ar a multidão que passa pela calçada. Jornalismo em tempo real com marcos históricos, como entrevistas com todos os presidentes norte-americanos e tantos plantões com informações nacionais e internacionais de última hora. Um cenário que também protagonizou momentos únicos, como a transformação da calçada do Rockefeller em uma clínica de vacinas no auge da pandemia ou um espaço improvisado de ajuda humanitária após o furacão Katrina.

Naquele complexo nasceu a maior indústria de notícias dos Estados Unidos. A marca de jornalismo mais assistida pelos norte-americanos nos dias de hoje. E esse gigante nunca havia desembarcado no Brasil para um projeto editorial.

A NBC, por meio da CNBC, enfim, seria conhecida pelos brasileiros.

Originalmente NBC Universal – com espaço entre os nomes –, o grupo foi formado em 2004, a partir da fusão da NBC, que pertencia à General Electric, com a francesa Vivendi Universal Entertainment, dona dos estúdios Universal Pictures. Em 2011, em uma das maiores transações do mercado de mídia e entretenimento neste início de século, a Comcast adquiriu 51% do controle da empresa comprando ações da GE, o que refletiu em uma sutil modificação na marca – renomeada para NBCUniversal, sem o espaço, com o intuito de refletir integração entre a NBC e a Universal. Desde 2013, NBCUniversal se tornou uma subsidiária integral da Comcast, que comprou o restante da participação da GE.

São inúmeros marcos da NBC em tradição, inovação e audiência ao longo de seu primeiro século de existência. Fundada em 1926, a NBC é, antes de tudo, a rede de radiodifusão mais antiga dos Estados Unidos. Sigla para National Broadcasting Company, nasceu como uma cadeia interligando inicialmente quase vinte estações de rádio, da costa leste até o Kansas. O segredo da transmissão simultânea era propagar as ondas sonoras a longa distância por meio de linhas telefônicas.

Cerca de uma década depois, a NBC se tornou também a primeira emissora de TV dos Estados Unidos. A programação regular estreou em 30 de abril de 1939, com a exibição de um discurso do presidente Franklin Roosevelt durante a abertura da histórica Feira Mundial de Nova York daquele ano.

A tecnologia utilizada era assombrosa para a época. A captação era feita a partir de unidades móveis chamadas de "telemóveis": um sistema composto por dois ônibus adaptados, um com câmeras e microfones, o outro com transmissores que enviavam o sinal capturado para a torre de transmissão da

NBC – nada menos do que a primeira antena construída no topo do Empire State Building, então o arranha-céu mais alto mundo, com 381 metros de altura.

Naquela época, ainda não havia muitos lares com aparelhos de televisão nos Estados Unidos. Um anúncio da Radio Corporation of América, a RCA, publicado no jornal *New York Herald Tribune* registra o momento histórico do lançamento da TV:

> *30 de abril marca o nascimento de uma nova indústria – televisão. A partir desse dia o rádio ganhará uma nova dimensão. A visão se juntará ao som. [...] Uma nova era começa.*

Outra peça publicitária da empresa conta detalhes da estreia da emissora:

> *Em 30 de abril, a televisão RCA foi introduzida na área metropolitana de Nova York. Os programas de televisão, transmitidos pelo imponente mastro elevado da NBC, no topo do Empire State Building, cobrem uma área de aproximadamente 80 quilômetros em todas as direções ao redor do edifício. Os programas de televisão da NBC são transmitidos inicialmente com a duração de uma hora, duas vezes por semana. Além disso, haverá resumos de notícias, eventos esportivos, entrevistas com celebridades e outros programas de amplo interesse.*

Àquela altura, a RCA não era apenas a maior fabricante de receptores de rádio e televisão do país, mas a controladora da NBC, a companhia de radiodifusão nacional que havia sido criada para suprir a demanda por conteúdo dos consumidores desses equipamentos eletrônicos. Fundada como uma subsidiária da General Electric em 1919, a RCA se tornou independente no início dos anos 1930 e se manteve autônoma até 1986, quando foi readquirida pela GE.

Ainda em 1939, a NBC transmitiu os primeiros eventos esportivos televisionados nos Estados Unidos, de jogos de basebol a lutas de boxe, e os primeiros programas pré-gravados. A estreia ficou com o Pato Donald em *Donald's Cousin Gus*, a primeira animação de Walt Disney a passar na televisão. Em 1940, foi a vez de levar ao ar o primeiro noticiário da história da TV americana e, em 1941, o primeiro anúncio publicitário televisivo do mundo, uma propaganda de dez segundos da marca de relógios Bulova.

A NBC teve uma participação especial até mesmo na chegada da televisão ao Brasil: foi David Sarnoff, presidente da RCA e um dos fundadores da NBC, quem mostrou um aparelho de TV pela primeira vez ao jornalista e empresário Assis Chateaubriand, dono dos Diários Associados, o deixando boquiaberto e decidido a implantar a novidade no Brasil.

O plano foi concretizado quando Chateaubriand importou da RCA 30 toneladas de equipamentos no valor de 5 milhões de dólares e fundou a TV Tupi. Na cerimônia de inauguração da primeira emissora brasileira, em 18 de setembro de 1950, o presidente da NBC foi o primeiro a discursar:

— A televisão dá asas à imaginação, e eu prevejo o dia em que ela nos permitirá percorrer com os olhos toda a Terra, de cidade em cidade, de nação em nação — disse Sarnoff.

A NBC também foi pioneira na transformação da programação da TV em preto-e-branco para o sistema a cores a partir de 1954, enquanto as suas concorrentes só obtiveram a tecnologia no início dos anos 1960. É por isso que o canal tem no logotipo o famoso pavão colorido, herdado pela CNBC, cuja marca será exibida nas telas do Times Brasil.

Para montar o projeto que desembarcou a CNBC no Brasil, fiz uma verdadeira imersão no universo dessas potências globais em diversas visitas à NBCUniversal e à CNBC. Visitas técnicas, encontros de relacionamento e reuniões sobre o projeto brasileiro no Rockefeller Center e em Englewood Cliffs, em New Jersey, sede global da CNBC, e até nos escritórios e estúdios da emissora na Nasdaq e na Bolsa de Valores de Nova York, a New York Stock Exchange, em Wall Street.

A CNBC foi fundada em 17 de abril de 1989.

Inicialmente como Consumer News and Business Channel, a CNBC nasceu como uma *joint venture* com a Cablevision. Em 1991, quando surgiu a oportunidade de comprar sua principal rival, a Financial News Network (FNN) – a novata CNBC passou, do dia para a noite, de 18 para 48 milhões

SOLDADO ITALIANO: *meu avô Michelle Tavolaro, nascido na comuna de Tramutola, no sul da Itália, de onde migrou para o Brasil com minha avó e minha mãe; ele foi combatente e prisioneiro de guerra antes de recomeçar a vida no Brasil.*

INFÂNCIA: *nossa criação no bairro do Tatuapé, na Zona Leste de São Paulo, ao lado dos meus dois irmãos; meus pais batalharam em um pequeno comércio de aço para os três filhos se formarem na faculdade.*

ISTOÉ

Menu ≡

PRIMEIROS PASSOS: *na revista* IstoÉ, *antes de ingressar na Rede Record, um destaque na minha carreira: o dia em que fui mantido como refém no Carandiru enquanto produzia uma reportagem sobre o trabalho dentro do presídio.*

Brasil

Refém do Pavilhão 6

Dentro do Carandiru, coração do maior levante de presos da história do País, o nosso repórter Douglas Tavolaro faz um relato dramático de 24 horas de terror

FACADA PELAS COSTAS: IstoÉ, 28 fev. 2001. Disponível em: https://istoe.com.br/edicao/532_FACADA+PELAS+COSTAS/. Acesso em: 12 ago. 2024.

VICE-PRESIDENTE: *jornada de quase duas décadas à frente do jornalismo da Rede Record me proporcionou experiências difíceis de esquecer – muitas delas, pela primeira vez, estão narradas neste livro de memórias.*

JUNHO DE 2002: *meu primeiro livro, uma grande reportagem sobre o maior manicômio judiciário do Brasil, publicado pela Editora Senac.*

PROGRAMAÇÃO: *foram mais de 60 telejornais e programas jornalísticos lançados na minha gestão na Record; do zero, criamos onze horas diárias de notícias gerando uma nova opção de informação para o Brasil.*

ENCONTROS: *com o apresentador e empresário Silvio Santos em sua residência, em conversas descontraídas nos últimos anos; e com Silvio e Edir Macedo no dia que promovi o reencontro dos dois após dezessete anos sem se falarem.*

POLÍTICA: *participei de coberturas editoriais de todas as eleições dos últimos vinte e cinco anos; acima, com os apresentadores à época do Jornal da Record, Celso Freitas e Adriana Araújo.*

RECONHECIMENTOS: *tivemos a honra de receber dezenas de prêmios em quase vinte anos de liderança do jornalismo da Record.*

INAUGURAÇÃO: *no evento de lançamento da CNN Brasil, que reuniu centenas de convidados na Oca do Ibirapuera, em São Paulo, reforcei o compromisso com a isenção editorial durante toda a minha gestão como CEO e sócio da empresa.*

APOIO DA CNN NOS EUA: *em conversas memoráveis em Nova York com Jeff Zucker, então CEO global da CNN (foto da esquerda, de terno azul), e Randall Stephenson, CEO da AT&T, controladora da CNN em 2020.*

CNN Brasil vive ano histórico com reconhecimento do mercado

Douglas Tavolaro, CEO e fundador do canal, comenta a estreia junto com a pandemia, o trabalho realizado e a efetivação do planejamento

JÉSSICA OLIVEIRA

A CNN Brasil estreou na semana em que a Covid-19 se tornou uma pandemia.

A festa foi em uma segunda-feira e um dos últimos eventos reunindo tantas pessoas juntas. Logo em seguida, o canal se voltou para a cobertura diária e extensa do vírus e os seus impactos.

Em apenas nove meses de atuação no Brasil já faltam dedos para contar os reconhecimentos que o canal conquistou, entre eles ser escolhido como Veículo de Mídia nesta edição dos Melhores do PROPMARK.

Douglas Tavolaro, CEO e fundador da CNN Brasil, lembra o começo dessa jornada e a virada brusca para meses históricos. "Foi um desafio enorme: começar uma emissora de TV e, ao mesmo tempo, informar ao

Divulgação

OLIVEIRA, J. CNN Brasil vive ano histórico com reconhecimento do mercado. **Propmark**, São Paulo, ano 56, n. 2824, p. 43, 7 dez. 2020.

Revista Propaganda, São Paulo, edição 825, jan. 2020.

Revista Forbes, São Paulo, edição 76, mar. 2020.

ANO HISTÓRICO DE CONQUISTAS:
mesmo enfrentando o drama da pandemia, em 2020, consolidamos um ano ímpar de realizações na CNN Brasil; tudo o que foi construído, do zero, permaneceu de legado na empresa até os dias de hoje.

SEDE EM NOVA YORK: *em reuniões na CNBC nos EUA, onde assinamos um contrato inédito de licenciamento para o Brasil implantar o primeiro canal de jornalismo de negócios do país, com marca internacional.*

NEVE: *com Greg Beitchman na sede da NBCUniversal, no antigo edifício Rockefeller Plaza, na Quinta Avenida, também em Nova York.*

CNBC será lançada no país por ex-sócio da CNN

Douglas Tavolaro vai comandar versão brasileira do canal de notícias da NBC, uma das principais redes abertas dos EUA

Gabriel Vaquer

ARAÇAJU O Brasil vai ganhar um novo canal de notícias nos próximos meses. Trata-se da versão nacional da CNBC, canal de notícias da NBC, uma das principais redes abertas dos EUA. O dono será Douglas Tavolaro, ex-sócio da CNN Brasil e ex-diretor de jornalismo da Record.

Tavolaro confirmou o lançamento nesta terça (5). O jornalismo será seu principal chamariz, mas a CNBC não pretende ser um canal só de informação. Haverá atrações de política, esportes, lifestyle, programas de entretenimento e reality shows.

Há atualmente cinco canais especializados em notícias: GloboNews, CNN Brasil, Jovem Pan, Band News e Record News (esta em TV aberta).

"Estamos entusiasmados em trazer o conteúdo de notícias premium da CNBC para o público em todo o Brasil, em português. Como líder global em jornalismo de negócios, é missão da CNBC informar, fornecer insights e proporcionar uma perspectiva econômica global com relevância local por meio de parceiros como o Times Brasil", disse KC Sullivan, presidente da CNBC.

"A CNBC é um ícone global do jornalismo, uma referência para qualquer empresa de mídia no planeta. Seu jornalismo é um modelo único de notícias confiáveis que tem a marca da NBCUniversal News Group", diz Tavolaro.

A CNBC será parte da Times Brasil, que será tocada por Tavolaro. Na CNBC, Tavolaro te-

Douglas Tavolaro, ex-sócio da CNN Brasil e ex-diretor de jornalismo da Record *Divulgação*

rá como sócio o fundo Attention Economics, especializado em empreendimentos de mídia internacional.

A empresa é representada por Gregory Beitchman, que atuou como vice-presidente comercial sénior da Warner Media e da CNN International, e como líder comercial global da Thomson Reuters.

Beitchman atuou no lançamento de mais de 12 empresas de mídia. Ele implementou operações licenciadas para a Bloomberg na Europa Oriental e para a CNN no Japão, na Suíça, na República Tcheca, na Indonésia, nas Filipinas, na Turquia, na Grécia, na Índia e na África.

Tavolaro terá 85% das ações, enquanto a Attention ficará com 15%. A data de lançamento da nova emissora será de-

finida nos próximos meses.

Nos próximos dias, a empresa dará início a diversas atividades para montagem de infraestrutura, definição de sedes, identidade de marca e conteúdo, além de recrutar e treinar jornalistas e equipes de produção em todo Brasil.

A sede deve ser em São Paulo. Em capitais como Rio e Brasília, haverá escritórios para a cobertura de assuntos como política e entretenimento.

A NBC (sigla em inglês para National Broadcasting Company) é uma rede de televisão e de rádio comercial americana que é a propriedade carro-chefe da NBCUniversal, uma subsidiária da Comcast. No Brasil, a empresa é sócia da Globo no canal Universal Channel, que exibe filmes e séries da companhia.

⊞ GloboNews lidera em audiência em canais de notícia na TV paga

Na média dos meses de janeiro e fevereiro de 2024, segundo dados do Kantar Ibope obtidos pelo F5 referentes ao PNT da TV por assinatura, a GloboNews fechou com 0,47 ponto de segunda a domingo. Cada ponto equivale a 131 mil indivíduos. Além da liderança no seu segmento, o canal é o segundo mais visto de forma geral na TV por assinatura, atrás apenas do canal Viva, que reprisa antigas novelas e atrações da TV Globo. A Jovem Pan fechou o período em segundo lugar, com 0,15 ponto, e a CNN Brasil, em terceiro (0,10 ponto).

AQUER, G. CNBC será lançada no país por ex-sócio da CNN. **Folha de São Paulo**, São Paulo, ano 104, n. 34.699, 6 mar. 2024.

SACCHITIELLO, B. Novo canal de notícias: Douglas Tavolaro traz CNBC ao Brasil. *Meio e Mensagem*, 5 mar. 2024. Disponível em: https://www.meioemensagem.com.br/midia/novo-canal-de-noticias-douglas-tavolaro-traz-cnbc-ao-brasil. Acesso em: 3 set. 2024.

m&m

Novo canal de notícias: Douglas Tavolaro traz CNBC ao Brasil

Criador do projeto da versão brasileira da CNN, jornalista cria o Times Brasil, grupo que possui os direitos de conteúdo da emissora dos Estados Unidos

TIMES CNBC E O MIKE: *anúncio da chegada do novo canal de notícias do Brasil ganhou importante repercussão em toda a imprensa, inclusive com reportagens no exterior; a nova empresa de mídia encerrou meu período em que tinha "obrigação" de não trabalhar, para tristeza do meu grande companheiro – o meu cachorro adotado.*

INOVAÇÃO: *a nova emissora de jornalismo da televisão brasileira, o Times Brasil | CNBC, terá como sede um dos prédios mais modernos no bairro do Itaim Bibi, novo coração financeiro do Brasil; a redação produzirá mais de quinze horas de notícias, ao vivo e todos os dias, além de uma ampla programação de entretenimento inspirada em negócios.*

de assinantes. Em trinta e cinco anos de história, esse número teve um crescimento estratosférico: atualmente, o jornalismo da CNBC alcança mensalmente meio bilhão de pessoas ao redor de todo o planeta.

Entre as coberturas jornalísticas memoráveis nessas três décadas e meia de existência, impossível não relembrar a abertura da Bolsa de Nova York após os ataques de onze de Setembro. No dia 17 de setembro de 2001, a NYSE reabriu após ter ficado quatro dias fechada – o maior período desde a Grande Depressão.

A CNBC estava lá com seus correspondentes acompanhando toda a cobertura exclusiva ao lado do presidente da NYSE. O local estava devastado e os funcionários, abalados psicologicamente. Todos tinham perdido algum familiar ou conhecido nas torres do World Trade Center, que ficavam a uma distância de aproximadamente 600 metros de Wall Street. Muitas ruas estavam fechadas e a fumaça e o cheiro de queimado ainda pairavam no ar.

Naquele dia de reabertura, estavam presentes para tocar o sino o presidente da Bolsa, Richard Grasso, o segundo presidente, Harvey Pitt, o secretário do Tesouro, Paul O'Neil, representantes da polícia e dos bombeiros, os senadores Hillary Clinton e Charles Schumer, o prefeito de Nova York, Rudolph Giuliani, e o governador George Pataki. Foram dois minutos de silêncio, seguidos pelo som de "God Bless America", cantado por todos os presentes.

Foi um dia trágico para o mercado. O índice S&P 500 (Standard & Poor's, que mede o cenário das 500 maiores empresas americanas) despencou 5% e o Dow Jones, 7%, mas a reabertura histórica da Bolsa marcou um ato de esperança e bravura e de tentativa de volta à normalidade para os Estados Unidos.

Ano após ano, a CNBC somava coberturas lendárias que ampliaram sua credibilidade.

Durante um *breaking news*, no dia 22 de fevereiro de 2019, a correspondente da CNBC na Casa Branca, Kayla Tausche, noticiou em primeira mão que a China teria aceitado comprar até 1,2 trilhão de dólares em produtos dos Estados Unidos. A iniciativa foi um dos grandes passos que os dois países deram para encerrar a guerra comercial, iniciada em 2018.

No mesmo *breaking news*, a correspondente da CNBC ainda informou que um encontro entre o presidente americano, Donald Trump, e o presidente chinês, Xi Jinping, aconteceria no fim de março daquele ano: um momento crucial que significava uma trégua em meio a uma guerra comercial. Anteriormente os Estados Unidos anunciaram uma série de tarifas sobre produtos importados chineses, o que havia levado ao aumento de tensão entre os dois países e a medidas retaliatórias entre as duas maiores economias do mundo.

Em outubro de 2022, a equipe investigativa da CNBC revelou documentos obtidos de maneira exclusiva e entrevistas com funcionários do Twitter. A reportagem apurou que Elon Musk estaria recrutando pessoas de suas outras empresas, como a SpaceX e a Tesla, para trabalhar simultaneamente para o Twitter. Apesar de Musk ser o fundador de todas essas companhias, elas têm capital aberto na bolsa de valores, o que o torna apenas um acionista de cada grupo.

O movimento foi apontado pela CNBC como desvio de recursos, já que parte do tempo remunerado que os funcionários deixariam de atuar nas empresas pelas quais são contratados seria dedicado a outro negócio. O Twitter, agora X, havia sido adquirido por Elon Musk por 44 bilhões de dólares no mesmo mês. Mais recentemente, no início de 2024, o impasse entre Elon Musk e o ministro do Supremo Tribunal Federal Brasileiro Alexandre Moraes também mereceu destaque na cobertura internacional da CNBC.

As entrevistas memoráveis no mundo dos negócios também alicerçaram a construção da marca CNBC. Conversas levadas ao ar com grandes líderes e personalidades influentes nas mais diferentes áreas fizeram história na televisão e no mercado mundial.

Uma das que mais me chamaram a atenção, durante o meu período de planejamento do projeto brasileiro, foi uma entrevista de Steve Jobs, em outubro de 1997, realizada com exclusividade nos estúdios da CNBC, sobre estar de volta à Apple, a empresa que fundou junto com Steve Wozniak, em 1976. Jobs foi "demitido" da própria empresa pelo Conselho, em setembro de 1985, e fundou a NeXT, que a Apple comprou em fevereiro de 1997. Com a aquisição, Jobs havia acabado de retornar à companhia.

Na entrevista, ele disse que queria ver a Apple dar a volta por cima, depois de muitos obstáculos que a empresa vinha enfrentando, e que estava completamente comprometido em fazer dar certo. Após o retorno de Steve Jobs, a Apple se tornou uma das empresas mais rentáveis de todos os tempos e deu início a uma nova era dos computadores portáteis, tablets e smartphones.

Toda essa admirável usina de notícias da CNBC, enfim, em 2024, chegará aos mais de 200 milhões de brasileiros de norte a sul do país. Um patrimônio global de credibilidade, com expertise brasileira, ao alcance de todos.

CAPÍTULO 13

NASCE O TIMES BRASIL | CNBC: OCEANO AZUL – A INOVAÇÃO NO AR

O Times Brasil, licenciado exclusivo da CNBC, nasceu com o foco de se tornar uma referência em jornalismo de negócios no país. É a primeira empresa de mídia, com marca internacional e presença na televisão e nas demais plataformas, a explorar esse território. A meta é produzir um noticiário atento ao mundo das finanças e dos negócios, mas não apenas pela ótica das empresas, dos bancos e dos grandes investidores. Será também um conteúdo voltado às necessidades e ao dia a dia dos brasileiros.

A emissora não apenas fará a cobertura diária e completa do mercado financeiro global – das primeiras negociações na Ásia, da abertura da bolsa brasileira ao sino de fechamento em Wall Street –, mas também terá ampla cobertura sobre política, internacional, esportes, cultura e outros temas do cotidiano. Além disso, pretende entreter, divertir e emocionar o público com atrações de entretenimento e lifestyle, tudo com base no universo dos negócios.

A nossa visão está inspirada no modelo existente que já conquistou uma trajetória de sucesso em mais de 80 países, sendo adaptado ao estilo e à linguagem de televisão a que os brasileiros estão culturalmente habituados.

Quando anunciamos a chegada do Times | CNBC, em março de 2024, os repórteres me questionaram por que eu havia decidido trazer o canal em um momento "de crise da nossa mídia". Em geral, eu respondia contando que, durante todo o tempo que passei nos Estados Unidos estudando o mercado atrás de um projeto que se encaixasse na vida dos brasileiros, pude enxergar nitidamente esse campo vazio.

Em entrevista ao jornal *Folha de S. Paulo*, afirmei:

— [Pensei no licenciamento da CNBC para o Brasil] porque acredito na oportunidade. No oceano azul, como dizem.[96]

Ao jornal *Meio & Mensagem*, eu disse o seguinte:

— Acredito na força da inovação. Hoje, os canais de jornalismo que existem na televisão acabam sendo muito parecidos, com erros e acertos de todos os lados. E o que [o Times | CNBC] está propondo é abrir um espaço novo, para oferecer um campo inexplorado tanto para o público quanto para os anunciantes, com o jornalismo de negócios. E isso, mais uma vez, está espelhado nas empresas assim que já existem nos Estados Unidos e na Europa, com canais com audiência consolidada. Essa inovação, associada à marca internacional da NBCUniversal e nossa experiência de fazer jornalismo no Brasil me dá a segurança de que existe um espaço novo a ser explorado.[97]

Na entrevista já citada para a *Folha*, a abertura do jornalista Gabriel Vaquer dizia: "Há três anos ouvem-se comentários sobre os próximos passos de Douglas Tavolaro. O mais impactante deles: o empresário voltaria a investir em um grupo de comunicação, assim como fez com a CNN Brasil, que fundou em 2020. O ex-vice-presidente de jornalismo da Record confirmou as expectativas e anunciou nesta semana o lançamento no Brasil da CNBC, em parceria com a gigante americana NBCUniversal".[98]

Os primeiros meses do Times | CNBC foram intensos. Chego a arriscar que mais acelerados, em diferentes sentidos positivos, do que na fase inicial da CNN Brasil. Tenho a impressão de que estamos navegando em águas bem mais favoráveis pelo fato de o mercado ter visto e reconhecido o trabalho desenvolvido na implantação da CNN. E, sem dúvida, também por sermos uma empresa cuja estrutura societária está blindada de possíveis interesses e lobbies políticos que têm contaminado a imprensa brasileira.

Foi seguindo esse caminho da independência que anunciamos a nossa equipe de executivos de liderança, com nomes escolhidos para conduzir com engenhosidade cada passo por trás das telas.

O publicitário Gilberto Corazza, vice-presidente comercial, foi um dos primeiros a ser contratado. É um profissional que acumula expertise de trinta e cinco anos de atuação no mercado de mídia e reúne todos os atributos e o talento necessários para conduzir a área comercial e o relacionamento com agências e anunciantes. Ele já foi vice-presidente de Ad Sales na Warner Bros. Discovery, responsável por liderar as vendas publicitárias em todos os canais da empresa no Brasil, incluindo TNT, Warner, Space, Cartoon Network e CNN International.

Corazza já ganhou duas vezes o Prêmio Caboré e uma vez o Prêmio Propaganda e Marketing, todas como Melhor Profissional de Veículo, além de ter sido duas vezes eleito um dos dez principais executivos de mídia do país pelo *Meio & Mensagem*.

O jornalista Rafael Gomide veio em seguida. Ele é o nosso COO, responsável por traduzir a visão do grupo em estratégias práticas e otimizar todas as operações do dia a dia com uma gestão inovadora.

Ao pensar em um nome para o posto de COO, eu buscava alguém que reunisse as condições ideais para compreender a dinâmica e as especificidades de uma empresa de jornalismo que tivesse o peso do nosso projeto. Rafael trabalhou no jornalismo da Record por quase quatorze anos, onde foi diretor de redação e liderou equipes de reportagens vencedoras de mais de cinquenta prêmios nacionais e internacionais de jornalismo. Ele também esteve ao meu lado durante o processo de implantação da CNN Brasil. O background dele como jornalista e diretor operacional tem o equilíbrio perfeito para a execução da função.

Outros três vice-presidentes completaram o quadro que considero ideal para a fundação dessa empresa: Andre Ramos na gestão do conteúdo e Marco Aurélio Cordeiro no jurídico, financeiro e relações internacionais – ambos também meus parceiros de trabalho na fundação da CNN Brasil. Ainda, Carolina Dantas na distribuição, uma das profissionais mais experientes no setor de telecomunicações do país e fundadora de uma das maiores empresas de serviços de distribuição do mercado brasileiro.

Também somaram força no Times Brasil | CNBC dois consultores executivos da presidência, um com atuação no Brasil e outro nos Estados Unidos. São eles Mônica Monteiro, empreendedora do mercado audiovisual e ex-executiva de comando do Grupo Band, e Piero Bonadeo, ex-relações institucionais da AT&T, ex-chefe de gabinete do Parlamento Europeu e líder de escritórios da ONU em Bruxelas e Nova York.

Na sequência, foi montado o time de *heads*, com tantos outros nomes com talentos adequados para o nosso projeto. Assim a equipe foi sendo gradualmente montada, passo a passo, para o início completo da operação da empresa, com eficiência e solidez.

Planejamos a grade de programação levando em conta a ampla cobertura do telejornalismo diário. Criamos atrações com formatos inéditos, pensadas especialmente para o perfil do telespectador brasileiro. São quinze horas e meia de noticiários ao vivo, de segunda a sexta-feira. No horário nobre, a partir das 22 horas, criamos uma faixa de jornalismo e entretenimento de negócios com o objetivo de surpreender e encantar o público.

Nesse passo a passo da formação da emissora, um momento de *breaking news* para o anúncio da nossa primeira âncora: "Christiane Pelajo, que foi apresentadora do *Jornal da Globo* e de outros jornais da Rede Globo durante vinte e seis anos, comandará um dos principais telejornais do horário nobre no Times | CNBC".[99]

Pelajo é uma das melhores jornalistas do Brasil, com uma história de quase três décadas nas emissoras do Grupo Globo. Em passagens pelos principais telejornais da GloboNews, canal que ajudou a inaugurar em 1996, ela conduziu ao vivo coberturas históricas, como a morte da princesa Diana, em 1997, a Copa do Mundo de 1998, o sequestro do Ônibus 174 no Rio de Janeiro, em 2000, a prisão de Saddam Hussein, em 2003, e o funeral do papa João Paulo II, em 2005. A partir de 2005, inclusive, assumiu a bancada do *Jornal da Globo*, com foco em política e economia. Foram dez anos nessa posição.

Um ano depois de ter saído do *Jornal da Globo*, em 2016, Pelajo voltou à GloboNews, onde permaneceu até o fim de 2022. O insight de pedir demissão da TV Globo deu início a um novo capítulo na carreira dela, com novos projetos, focando principalmente o universo business e de inovação.

Nos últimos dois anos, Chris Pelajo se tornou uma marca importante no país. TedX Speaker, apresentadora de conferências em festivais como SXSW, WebSummit Rio e Lisboa, South Summit, Rio Innovation Week e Rio2C; consultora de empresários, executivos e empreendedores dentro e fora do Brasil. Quando a notícia de que a jornalista voltaria à televisão repercutiu na imprensa, ela se pronunciou:

— Honrada e muito animada em ser âncora da CNBC. Estou mergulhada no universo de negócios, inovação, tecnologia e criatividade. Esse novo desafio tem total sinergia com o trabalho que venho fazendo nos últimos dois anos. Vamos mexer com o jornalismo de negócios aqui no Brasil. Vai ser histórico! Não vejo a hora de dizer "Boa noite" de novo, no ar![100]

Pelajo estará à frente do principal telejornal do canal, à noite, em horário nobre. Falei à imprensa que nosso primeiro nome de vídeo não poderia deixar de ser uma mulher que representa tão bem a força, o talento e a inteligência do jornalismo brasileiro: "Seu conhecimento no mundo dos negócios, somado à estrutura de notícias do Times | CNBC, vai contribuir com a qualidade da informação no país e apresentar um projeto inovador de telejornalismo".[101]

Na sequência, outro nome de impacto do jornalismo brasileiro foi anunciado: Fábio Turci. Ele foi um dos principais nomes da Rede Globo durante vinte e três anos, onde se destacou como âncora, repórter e correspondente internacional. Com MBA em Economia e Mercado de Capitais, foi reconhecido na área de jornalismo de negócios com diversas premiações, entre elas três vezes o Prêmio CNI (Confederação Nacional da Indústria), um dos mais importantes do setor.

Turci tem largo conhecimento no universo do jornalismo de negócios, com projetos de destaque em temas como produtividade, inovações tecnológicas e evoluções do mercado de trabalho. Ele também se dedica a questões sensíveis aos direitos humanos, combatendo a homotransfobia, o racismo e a miséria.

— A proposta da CNBC no Brasil de produzir um jornalismo sério, isento, ético e crítico, comprometido com a apuração dos fatos e o combate à desinformação me chamou a atenção — afirmou Turci.[102]

Alguns meses antes, já havíamos contratado a empresária Camila Farani como apresentadora e influenciadora para a TV e todas as nossas redes sociais. Conhecida por ser uma das maiores investidoras do país, cofundadora da G2 Capital e ex-jurada do *Shark Tank Brasil*, Farani fará participações especiais nos telejornais e será a apresentadora de um programa de entretenimento.

Em setembro de 2024, fechamos a contratação do âncora Marcelo Torres que, nos três anos anteriores, havia sido apresentador titular do SBT Brasil, principal telejornal da emissora. Torres tem mestrado em jornalismo internacional pela Universidade de Westminster, na Inglaterra, e já atuou como repórter da TV Globo e correspondente em Londres e em Nova York.

Para apresentar um dos telejornais, trouxemos Natália Ariede, jornalista com dezessete anos de experiência na TV Globo. Ela apresentou diversos programas, como Antena Paulista e Globo Natureza, e telejornais, como Bom Dia São Paulo e SPTV no horário do almoço e fim do dia. Como repórter, produziu centenas de reportagens e de horas vivo para todo o jornalismo da Globo.

Em setembro, quando este livro foi concluído, estávamos a menos de sessenta dias da estreia, prevista para novembro de 2024. Por isso, muitas contratações e outras novidades da CNBC no Brasil não estão descritas aqui.

Um *casting* de respeito foi sendo formado passo a passo.

Aos poucos, tudo passou a ser revelado para o público de casa.

Em meio a essa onda de novidades, anunciamos também a sede da emissora no Brasil, localizada em um dos complexos comerciais Triple A mais modernos, no bairro paulistano do Itaim Bibi, o novo centro financeiro do país. São mais de 1,6 mil metros quadrados que abrigam a redação, os estúdios, as áreas técnicas e operacionais e todos os departamentos de gestão da nova emissora, incluindo a presidência e o departamento comercial.

Os estúdios têm vista para o *skyline* da capital paulistana, que servirá de cenário vivo para os telejornais e as outras atrações da emissora. Um dos ângulos mais privilegiados descortina a visão da Usina São Paulo, a antiga Usina Elevatória de Traição, nas margens do Rio Pinheiros, que está passando por revitalização dentro do projeto de despoluição Novo Rio Pinheiros e em breve será o mais novo ponto turístico e cartão-postal de São Paulo. Terá a instalação de cafés, cinemas, restaurantes, lojas, mirante 360º e cinema ao ar livre com a maior tela da América Latina.

A revelação dos nossos estúdios aconteceu exatamente no 35º aniversário da CNBC, em 17 de abril de 2024. Nos Estados Unidos, a data foi celebrada em grande estilo: o maior canal de jornalismo de negócios do mundo comemorou tocando o clássico sino de fechamento da Bolsa de Valores de Nova York, uma tradição que remonta ao início do século passado.

Lá, foi a consagração de uma história que já tem muitos capítulos de sucesso em três décadas e meia de existência. Por aqui, não foi um início do zero e, sim, uma continuidade, a partir de um gigantesco conjunto de experiências somadas: as da CNBC, as minhas e as de absolutamente todas as pessoas citadas nestas páginas, além de inúmeras outras que, embora não tenham sido mencionadas, de muitas maneiras também fizeram, fazem e farão parte desta história.

✳ ✳ ✳

Das primeiras horas de estágio em jornais e revistas à construção do jornalismo da Record, foram dezessete anos para estruturar o jornalismo de um grupo que se tornou o segundo mais popular do país entre as TVs abertas.

Da CNN Brasil no papel à emissora no ar. E agora a CNBC no nosso país, com o Times Brasil, o maior e mais inovador de todos os projetos. Não foi uma trajetória fácil.

Implantar duas emissoras de televisão no Brasil em quatro anos – e a última delas com o peso da parceria com um dos maiores grupos de mídia do planeta, dono do jornalismo mais assistido pelos norte-americanos, enraizado na história da comunicação do nosso tempo.

Empreender em um negócio de mídia é um sonho realizado. Batalho por margem, faturamento, audiências e resultados financeiros, sem dúvida. Mas não é isso que move a mente e o coração de um jornalista.

Sou impulsionado pela missão de ajudar a construir um país melhor com uma das principais armas que aprendi na vida: informar. Levar notícia com respeito, correção e verdade a milhões de brasileiros. Um princípio de honestidade que deve inspirar a cada manhã de trabalho, a cada jornada em uma redação, a cada informação noticiada.

O legado do jornalismo resiste.

Sou impulsionado pela missão de ajudar a
construir um país melhor com uma das principais
armas que aprendi na vida: informar.

– Douglas Tavolaro

NOTAS

1. Fundador da CNN Brasil fecha acordo com rede dos EUA e vai lançar novo canal de notícias. *Terra*, 5 mar. 2024. Disponível em: www.terra.com.br/diversao/tv/fundador-da-cnn-brasil-fecha-acordo-com-rede-dos-eua-e-vai-lancar-novo-canal-de-noticias,c75d65327d2b4b1f7579e9e248121a266n2idltf.html. Acesso em: 12 ago. 2024.

2. OLIVEIRA, Carlos Alberto Teixeira de. Novo grupo de mídia brasileiro Times Brasil será lançado com conteúdo da CNBC. *Mercado Comum*, mar. 2024. Disponível em: https://mercadocomum.com/novo-grupo-de-midia-brasileiro-times-brasil-sera-lancado-com-conteudo-da-cnbc. Acesso em: 12 ago. 2024.

3. New Brazilian Media Group Times Brasil to launch with CNBC content. *CNBC*, 5 mar. 2024. Disponível em: www.cnbc.com/2024/03/05/new-brazilian-media-group-times-brasil-to-launch-with-cnbc-content-.html. Acesso em: 12 ago. 2024.

4. VAQUER, Gabriel. CNBC será lançada no Brasil por fundador da CNN. *Folha de S.Paulo*, 5 mar. 2024. Disponível em: https://f5.folha.uol.com.br/televisao/2024/03/cnbc-sera-lancada-no-brasil-por-fundador-da-cnn-conheca-detalhes.shtml. Acesso em: 12 ago. 2024.

5. SACCHITIELLO, Bárbara. Novo canal de notícias: Douglas Tavolaro traz CNBC ao Brasil. *Meio & Mensagem*, 5 mar. 2024. Disponível em: www.meioemensagem.com.br/midia/novo-canal-de-noticias-douglas-tavolaro-traz-cnbc-ao-brasil. Acesso em: 12 ago. 2024.

6. CASTRO, Daniel. Ex-CNN fecha acordo com maior rede dos EUA para lançar canal CNBC no Brasil. *UOL*, 5 mar. 2024. Disponível em: https://noticiasdatv.uol.com.br/noticia/daniel-castro/ex-cnn-fecha-acordo-com-maior-rede-dos-eua-para-lancar-canal-cnbc-no-brasil-116342. Acesso em: 12 ago. 2024.

7. STALCUP, Jamie. Times Brasil to launch with CNBC content. *World Screen*, 5 mar. 2024. Disponível em: https://worldscreen.com/times-brasil-to-launch-with-cnbc-content. Acesso em: 12 ago. 2024.

8. El canal de noticias CNBC llegará a Brasil con proyección multimedia. *Señal News*, 6 mar. 2024. Disponível em: https://senalnews.com/es/contenidos/el-canal-de-noticias-cnbc-llegara-a-brasil-con-proyeccion-multimedia. Acesso em: 12 ago. 2024.

9. New Brazilian Media Group Times Brasil to Launch with CNBC Content. *CNBC*, 5 mar. 2024. Disponível em: www.cnbc.com/2024/03/05/new-brazilian-media-group-times-brasil-to-launch-with-cnbc-content-.html. Acesso em: 12 ago. 2024.

10. VAQUER, Gabriel. CNBC será lançada no Brasil por fundador da CNN. *Folha de S.Paulo*, 5 mar. 2024. Disponível em: https://f5.folha.uol.com.br/televisao/2024/03/cnbc-sera-lancada-no-brasil-por-fundador-da-cnn-conheca-detalhes.shtml. Acesso em: 12 ago. 2024.

11. CNN Freedom Project. Disponível em: https://edition.cnn.com/world/freedom-project. Acesso em: 12 ago. 2024.

12. BRASIL. Lei n. 12.485, de 12 set. de 2011. Disponível em: www.planalto.gov.br/ccivil_03/_ato2011-2014/2011/lei/l12485.htm. Acesso em: 12 ago. 2024.

13. Rick Davis retires from CNN after more than 40 years. *CNN*, 2021. Disponível em: https://edition.cnn.com/videos/media/2021/01/29/rick-davis-retirement-vpx.cnn. Acesso em: 12 ago. 2024.

14. Nas redações, esse encontro para decidir os assuntos que serão notícia no dia é chamado de reunião de pauta.

15. BRASIL. Lei n. 12.485, de 12 set. de 2011. Disponível em: www.planalto.gov.br/ccivil_03/_ato2011-2014/2011/lei/l12485.htm. Acesso em: 12 ago. 2024.

16. Ester Bezerra é esposa de Edir Macedo desde 1971.

17. Douglas Tavolaro deixa a Record para comandar canal CNN no Brasil. *Veja*, 14 jan. 2019. Disponível em: https://veja.abril.com.br/cultura/douglas-

tavolaro-deixa-a-record-para-comandar-canal-cnn-no-brasil#google_vignette.
Acesso em: 03 set. 2024.

18. Idem.

19. Tapas são aperitivos ou entradas da culinária espanhola servidos como
degustação para acompanhar uma bebida.

20. Evaristo Costa. 2019. Vídeo (13s). Publicado pela CNN Brasil. Disponível em: www.facebook.com/cnnbrasil/videos/nosso-apresentador-evaristo-
costa-gravou-um-recado-direto-da-sede-da-cnn-em-lond/438570866943271/.
Acesso em: 14 ago. 2024.

21. Expectativa Daniela Lima. 2020. Vídeo (23s). Publicado pelo canal CNN
Brasil. Disponível em: www.youtube.com/watch?v=7xQWqfqxtR0. Acesso
em: 14 ago. 2024.

22. LEISTER FILHO, Adalberto. CNN Brasil: Confira a chegada em terras
brasileiras do maior canal de notícias do mundo. *Go Where.* Disponível em:
https://gowhere.com.br/business/cnn-brasil-confira-a-chegada-em-terras-
brasileiras-do-maior-canal-de-noticias-do-mundo. Acesso em: 12 ago. 2024.

23. Bolsas de NY fecham em queda e Nasdaq perde 2%, após Powell contestar
corte de juros em março. *InfoMoney,* 31 jan. 2024. Disponível em: www.info-
money.com.br/mercados/bolsas-de-ny-fecham-em-queda-e-nasdaq-perde-
2-apos-powell-contestar-corte-de-juros-em-marco. Acesso em: 12 ago. 2024.

24. Circuit Breaker 2020: as lições aprendidas no pior dia da Bolsa no século.
InfoMoney, 10 mar. 2020. Disponível em: www.infomoney.com.br/stock-
pickers/circuit-breaker-2020-as-licoes-aprendidas-no-pior-dia-da-bolsa-
no-seculo. Acesso em: 12 ago. 2024.

25. O áudio entre Michel Temer e Joesley Batista em quatro pontos. *Carta-
Capital,* 18 maio 2017. Disponível em: www.cartacapital.com.br/Politica/o-

audio-entre-michel-temer-e-joesley-batista-em-quatro-pontos. Acesso em: 12 ago. 2024.

26. CAVALLINI, Marta. Como o mês de março ajudou a afundar o PIB. *G1*, 29 maio 2020. Disponível em: https://g1.globo.com/economia/noticia/2020/05/29/como-o-mes-de-marco-ajudou-a-afundar-o-pib.ghtml. Acesso em: 12 ago. 2024.

27. FIGO, Anderson. 1997: A crise asiática que fez a antiga Bovespa adotar o circuit breaker pela primeira vez na história. *InfoMoney*, 24 out. 2020. Disponível em: www.infomoney.com.br/mercados/1997-a-crise-asiatica-que-fez-a-antiga-bovespa-adotar-o-circuit-breaker-pela-primeira-vez-na-historia. Acesso em: 12 ago. 2024.

28. VIEIRA, Renan. Saiba como foi a festa de lançamento da CNN Brasil e conheça os programas do novo canal. *Observatório da TV*, 10 mar. 2020. Disponível em: https://observatoriodatv.uol.com.br/critica-de-tv/saiba-como-foi-a-festa-de-lancamento-da-cnn-brasil-e-conheca-os-programas-do-novo-canal. Acesso em: 13 ago. 2024.

29. Organização Mundial de Saúde declara pandemia do novo Coronavírus. *Unasus*, 11 mar. 2020. Disponível em: www.unasus.gov.br/noticia/organizacao-mundial-de-saude-declara-pandemia-de-coronavirus. Acesso em: 13 ago. 2024.

30. CNN Brasil estreia no ar e usa Monalisa e Evaristo como cartão de visita. *UOL*, 15 mar. 2020. Disponível em: https://tvefamosos.uol.com.br/noticias/redacao/2020/03/15/cnn-brasil-estreia-no-ar-com-ancoras-ao-vivo.htm. Acesso em: 13 ago. 2024.

31. Ministério da Saúde regulamenta medidas de isolamento e quarentena. *Gov.br*, 12 mar. 2020. Disponível em: www.gov.br/pt-br/noticias/saude-e-vigilancia-sanitaria/2020/03/ministerio-da-saude-regulamenta-medidas-de-isolamento-e-quarentena. Acesso em: 13 ago. 2024.

32. No lançamento da CNN Brasil AT&T vê regras no país "indo na direção correta" e fala em investir. *Folha de S.Paulo*, 9 mar. 2020. Disponível em: www1.folha.uol.com.br/ilustrada/2020/03/no-lancamento-da-cnn-brasil-att-ve-regras-no-pais-indo-na-direcao-correta-e-fala-em-investir.shtml. Acesso em: 13 ago. 2024.

33. BAHNEMANN, Wellington. American Airlines suspende todos os voos para o Brasil. *UOL*, 15 mar. 2020. Disponível em: https://economia.uol.com.br/noticias/estadao-conteudo/2020/03/15/american-airlines-suspende-todos-os-voos-para-o-brasil--.htm. Acesso em: 13 ago. 2024.

34. Covid-19: Itália decreta quarentena no país todo e limita entradas e saídas. *UOL*, 9 mar. 2020. Disponível em: https://noticias.uol.com.br/internacional/ultimas-noticias/2020/03/09/coronavirus-italia-amplia-quarentena-e-restringe-movimentacoes-no-pais.htm. Acesso em: 13 ago. 2024.

35. ANDRÉ, Natália. Número de casos de coronavírus no Brasil chega a 25. *CNN*, 11 mar. 2020. Disponível em: www.cnnbrasil.com.br/saude/numero-de-casos-de-coronavirus-no-brasil-chega-a-25. Acesso em: 13 ago. 2024.

36. Brasil tem 36 milhões de casos e 697.248 mortes por covid. *Poder360*, 3 fev. 2023. Disponível em: www.poder360.com.br/brasil/brasil-tem-36-milhoes-de-casos-e-697-248-mortes-por-covid. Acesso em: 13 ago. 2024.

37. Evento da CNN Brasil marca lançamento oficial do canal. *Mídia*, 10 mar. 2020. Disponível em: www.revistamidiabrasil.com.br/post/evento-da-cnn-brasil-marca-lan%C3%A7amento-oficial-do-canal. Acesso em: 13 ago. 2024.

38. Jeffrey Adam Zucker. 2020. Vídeo (59s). Publicado pelo canal CNN Brasil. Disponível em: www.youtube.com/watch?v=7nrqJcoz51k. Acesso em: 13 ago. 2024.

39. Randall Stephenson. 2020. Vídeo (1min07s). Publicado pelo canal CNN Brasil. Disponível em: www.youtube.com/watch?v=z1JX4ETshNU. Acesso em: 13 ago. 2024.

40. Fake news, filter bubbles, post-truth and trust. *Ipsos*, set. 2018. Disponível em: www.ipsos.com/sites/default/files/ct/news/documents/2018-08/fake_news-report.pdf. Acesso em: 14 ago. 2024.

41. BERNARDO, Jose Vicente. CNN estreia no Brasil com seus canhões voltados para dois alvos: o coronavírus e a GloboNews. *Forbes*, 28 jun. 2020. Disponível em: https://forbes.com.br/negocios/2020/06/cnn-estreia-no-brasil-com-seus-canhoes-voltados-para-dois-alvos-o-coronavirus-e-a-globonews. Acesso em: 14 ago. 2024.

42. Apesar do coronavírus, bolsonaristas fazem caravana para ato em Brasília. *CNN Brasil*, 15 mar. 2020. Disponível em: https://www.cnnbrasil.com.br/politica/apesar-de-coronavirus-atos-pro-governo-ocorrem-no-pais/. Acesso em: 14 ago. 2024.

43. Jair Bolsonaro sobre as manifestações do dia 15 de março. 2020. Vídeo (7min11s). Publicado pelo canal CNN Brasil. Disponível em: www.youtube.com/watch?v=DYJV4G5Oz1c. Acesso em: 14 ago. 2024.

44. Luiz Henrique Mandetta fala sobre aglomerações em tempos de pandemia. 2020. Vídeo (4min37s). Publicado pelo canal CNN Brasil. Disponível em: www.youtube.com/watch?v=vIsbcxobDyc. Acesso em: 14 ago. 2024.

45. 'Estado de sítio não está no nosso radar', diz Bolsonaro. CNN Brasil, 20 mar. 2020. Disponível em: https://www.cnnbrasil.com.br/politica/estado-de-sitio-nao-esta-no-nosso-radar-diz-bolsonaro/. Acesso em: 03 set. 2024.

46. 'Maia tem de me respeitar como chefe do Executivo', diz Bolsonaro. *CNN Brasil*, 16 abr. 2020. Disponível em: www.cnnbrasil.com.br/politica/

maia-tem-de-me-respeitar-como-chefe-do-executivo-diz-bolsonaro. Acesso em: 14 ago. 2024.

47. Maia responde Bolsonaro: presidente nos joga pedras, Parlamento vai jogar flores. *CNN Brasil*, 16 abr. 2020. Disponível em: www.cnnbrasil.com. br/politica/maia-responde-bolsonaro-presidente-nos-joga-pedras-parlamento-vai-jogar-flores. Acesso em: 14 ago. 2024.

48. Bolsonaro e Maia: ataques em entrevistas refletem histórico de relação tensa. *CNN Brasil*, 17 abr. 2020. Disponível em: www.cnnbrasil.com.br/politica/ bolsonaro-e-maia-ataques-em-entrevistas-refletem-historico-de-relacao-tensa. Acesso em: 14 ago. 2024.

49. Por que a CNN acredita na diferença de opiniões. *Folha de S.Paulo*, 17 ago. 2020. Disponível em: www1.folha.uol.com.br/opiniao/2020/08/por-que-a-cnn-acredita-na-diferenca-de-opinioes.shtml. Acesso em: 14 ago. 2024.

50. O Grande Debate. Vídeos. Publicado pelo canal CNN Brasil. Disponível em: www.youtube.com/playlist?list=PL8cUMXM_o77eWIy1Zd1eVVtD-xcpWM2wp. Acesso em: 14 ago. 2024.

51. CASTRO, Thell de. Programa que originou O *Grande Debate* acabou após confusão com humorista. *Notícias da TV*, 5 abr. 2020. Disponível em: https://noticiasdatv.uol.com.br/noticia/televisao/programa-que-originou-o-grande-debate-acabou-apos-confusao-com-humorista-35355. Acesso em: 14 ago. 2024.

52. FRANZÃO, Luana. CNN pela vacina: veja as respostas para as dúvidas mais frequentes. *CNN Brasil*, 26 jan. 2021. Disponível em: www.cnnbrasil. com.br/saude/cnnpelavacina-veja-as-respostas-para-as-duvidas-mais-frequentes. Acesso em: 14 ago. 2024.

53. Regina Duarte minimiza ditadura e interrompe entrevista à CNN. *CNN Brasil*, 7 maio 2020. Disponível em: www.cnnbrasil.com.br/politica/regina-

duarte-minimiza-ditadura-e-interrompe-entrevista-a-cnn-veja-integra. Acesso em: 14 ago. 2024.

54. Pesquisas mostram que CNN é o canal de notícias mais imparcial do país. *CNN Brasil*, 29 out. 2020. Disponível em: www.cnnbrasil.com.br/nacional/pesquisas-mostram-que-cnn-e-o-canal-de-noticias-mais-imparcial-do-pais. Acesso em: 14 ago. 2024.

55. 'Sistema de saúde entrará em colapso no final de abril', diz ministro da Saúde. *CNN Brasil*, 20 mar. 2020. Disponível em: www.cnnbrasil.com.br/saude/sistema-de-saude-entrara-em-colapso-no-final-de-abril-diz-ministro-da-saude. Acesso em: 14 ago. 2024.

56. Sergio Moro pede demissão e acusa Bolsonaro de interferência na PF. *CNN Brasil*, 24 abr. 2020. Disponível em: www.cnnbrasil.com.br/politica/sergio-moro-pede-demissao-do-governo-bolsonaro. Acesso em: 14 ago. 2024.

57. Veja na íntegra o depoimento de Sergio Moro à Polícia Federal. 2020. Vídeo (45min38s). Publicado pelo canal CNN Brasil. Disponível em: www.youtube.com/watch?v=SaK9S92Qd2I. Acesso em: 14 ago. 2024.

58. PEIXOTO, Sinara; FERRARI, Murillo. Fabrício Queiroz é preso no interior de SP e transferido para o Rio de Janeiro. *CNN Brasil*, 18 jun. 2020. Disponível em: www.cnnbrasil.com.br/politica/fabricio-queiroz-e-preso-no-interior-de-sao-paulo/. Acesso em: 14 ago. 2024.

59. JUNQUEIRA, Caio. PF intima Eduardo e Carlos Bolsonaro a depor sobre atos antidemocráticos. *CNN Brasil*, 16 set. 2020. Disponível em: www.cnnbrasil.com.br/politica/pf-intima-eduardo-e-carlosbolsonaro-a-depor-sobre-atos-antidemocraticos. Acesso em: 14 ago. 2024.

60. PIZA, Paulo Toledo. PF indicia Alckmin e mais dois por corrupção e lavagem de dinheiro. *CNN Brasil*, 16 jul. 2020. Disponível em: www.cnnbrasil.

com.br/politica/pf-indicia-alckmin-e-mais-dois-por-corrupcao-e-lavagem-de-dinheiro. Acesso em: 14 ago. 2024.

61. Secretário-geral da ONU diz que covid-19 deixou o mundo de joelhos. 2020. Vídeo (19min23s). Publicado pelo canal CNN Brasil. Disponível em: www.youtube.com/watch?v=rx60vM0Qk8k. Acesso em: 14 ago. 2024.

62. Brasil pode se tornar o país com mais casos de Covid-19 no mundo, diz Mandetta. *CNN Brasil*, 13 maio 2020. Disponível em: www.cnnbrasil.com.br/saude/brasil-pode-se-tornar-o-pais-com-mais-casos-de-covid-19-no-mundo-diz-mandetta. Acesso em: 14 ago. 2024.

63. TORTELLA, Tiago. Assista à íntegra da entrevista de Lula a Christiane Amanpour, da CNN. *CNN Brasil*, 10 fev. 2023. Disponível em: www.cnnbrasil.com.br/politica/assista-a-integra-da-entrevista-de-lula-a-christiane-amanpour-da-cnn. Acesso em: 14 ago. 2024.

64. CNN anuncia contratação do âncora Márcio Gomes. CNN Brasil, 19 out. 2020. Disponível em: www.cnnbrasil.com.br/nacional/cnn-anuncia-contratacao-do-ancora-marcio-gomes. Acesso em: 14 ago. 2024.

65. Combate ao coronavírus. *GloboPlay*. Disponível em: https://globoplay.globo.com/combate-ao-coronavirus/t/dNbXKsnNZx. Acesso em: 14 ago. 2024.

66. CNN anuncia contratação do âncora Márcio Gomes. *CNN Brasil*, 19 out. 2020. Disponível em: www.cnnbrasil.com.br/nacional/cnn-anuncia-contratacao-do-ancora-marcio-gomes. Acesso em: 14 ago. 2024.

67. Covas x Boulos: assista ao primeiro debate do segundo turno de São Paulo. 2020. Vídeo (87min37s). Publicado pelo canal CNN Brasil. Disponível em: www.youtube.com/watch?v=siKOGXsupuM. Acesso em: 14 ago. 2024.

68. CNN Rádio estreia nesta terça-feira. *CNN Brasil*, 7 out. 2020. Disponível em: www.cnnbrasil.com.br/nacional/cnn-radio-estreia-em-13-de-outubro. Acesso em: 14 ago. 2024.

69. CNN Brasil anuncia contratação de Roberto Nonato, da CBN. *Terra*, 3 set. 2020. Disponível em: www.terra.com.br/diversao/tv/cnn-brasil-anuncia-contratacao-de-roberto-nonato-da-cbn,e7766633edc74b6c897c819690deb-2364caqipsj.html Acesso em: 14 ago. 2024.

70. CNN Brasil anuncia lançamento da 'CNN Eventos'. *CNN Brasil*, 15 out. 2020. Disponível em: www.cnnbrasil.com.br/nacional/cnn-brasil-anuncia-lancamento-da-cnn-eventos/. Acesso em: 14 ago. 2024.

71. Veja como foi a cerimônia do prêmio Notáveis CNN 2020. CNN Brasil, 14 dez. 2020. Disponível em: www.cnnbrasil.com.br/nacional/veja-como-foi-a-cerimonia-do-premio-notaveis-cnn-2020/. Acesso em: 14 ago. 2024.

72. ROSA, André. Vencedora do prêmio Notáveis CNN: saiba quem é a 1ª vacinada no Brasil. *CNN Brasil*, 17 jan. 2021. Disponível em: www.cnnbrasil.com.br/saude/primeira-vacinada-em-sp-sera-enfermeira-do-hospital-emilio-ribas. Acesso em: 14 ago. 2024.

73. CNN Brasil vence o Caboré, principal prêmio de comunicação do Brasil. *CNN Brasil*, 2 dez. 2020. Disponível em: www.cnnbrasil.com.br/nacional/cnn-brasil-vence-o-cabore-2020/. Acesso em: 14 ago. 2024.

74. CNN fecha 2020 como a empresa de mídia mais premiada do Brasil. CNN Brasil, 22 dez. 2020. Disponível em: www.cnnbrasil.com.br/nacional/cnn-fecha-2020-como-a-emissora-mais-premiada-do-brasil. Acesso em: 14 ago. 2024.

75. VAQUER, Daniel. Douglas Tavolaro fala sobre saída da CNN e planos para a CNBC: "Ajudar a despolarizar o país". *Folha de S.Paulo*, 10 mar. 2024.

Disponível em: https://f5.folha.uol.com.br/televisao/2024/03/douglas-tavolaro-fala-sobre-saida-da-cnn-e-planos-para-a-cnbc-ajudar-a-despolarizar-o-pais.shtml. Acesso em: 14 ago. 2024.

76. Douglas Tavolaro deixa presidência da CNN Brasil. *CNN Brasil*, 25 mar. 2021. Disponível em: www.cnnbrasil.com.br/nacional/douglas-tavolaro-deixa-presidencia-da-cnn-brasil. Acesso em: 14 ago. 2024.

77. CAVEIRO, Juliana. Brasil ocupa primeira posição entre as maiores economias da América Latina, diz FMI. *Money Times*, 19 fev. 2024. Disponível em: www.moneytimes.com.br/brasil-ocupa-primeira-posicao-entre-as-maiores-economias-da-america-latina-diz-fmi-confira-a-lista. Acesso em: 14 ago. 2024.

78. BOSA, Gabriel. Brasil volta ao grupo das 10 maiores economias do mundo após alta do PIB. *CNN Brasil*, 1 mar. 2024. Disponível em: www.cnnbrasil.com.br/economia/macroeconomia/brasil-volta-ao-grupo-das-10-maiores-economias-do-mundo-apos-alta-do-pib. Acesso em: 14 ago. 2024.

79. Volume financeiro negociado na bolsa B3 no ano de 2020 até junho é equivalente a 84,6% do ano de 2019. *Economática*, 2020. Disponível em: https://insight.economatica.com/volume-financeiro-negociado-na-bolsa-b3. Acesso em: 14 ago. 2024.

80. RIVERO, Einar. Raio-X da B3 em 2023: como investidores têm encarado o mercado brasileiro? *E-Investidor*, 12 jul. 2023. Disponível em: https://einvestidor.estadao.com.br/colunas/einar-rivero/raiox-b3-desempenho-bolsa-primeiro-semestre-2023. Acesso em: 14 ago. 2024.

81. ORTEGA, Fabiana. IPOs de empresas brasileiras nos EUA batem recorde em 2021; veja 5 motivos. *InvestNews*, 22 out. 2021. Disponível em: https://investnews.com.br/financas/ipos-de-brasileiras-nos-eua. Acesso em: 14 ago. 2024.

82. FERRARI, Hamilton; NASCIMENTO, Houldine. Número de investidores na B3 bate recorde no 1º semestre. *Poder 360*, 8 set. 2023. Disponível em: www.poder360.com.br/poder-economia/economia/numero-de-investidores-na-b3-bate-recorde-no-10-semestre/. Acesso em: 14 ago. 2024.

83. MALAR, João Pedro. Estados Unidos têm mais de uma bolsa de valores; entenda a diferença entre elas. *CNN Brasil*, 28 jun. 2022. Disponível em: www.cnnbrasil.com.br/economia/investimentos/estados-unidos-tem-mais-de-uma-bolsa-de-valores-entenda-a-diferenca-entre-elas. Acesso em: 14 ago. 2024.

84. QUINTINO, Larissa; MENDES, Felipe. Por que a onda de novatos na bolsa pode gerar um ciclo virtuoso no Brasil. *Veja*, 28 ago. 2020. Disponível em: https://veja.abril.com.br/economia/por-que-a-onda-de-novatos-da-bolsa-pode-gerar-um-ciclo-virtuoso-no-brasil. Acesso em: 14 ago. 2024.

85. CARDOSO, Tom. Na TV Vanguarda, o exército de 250 mil colaboradores de Boni. *NeoFeed*, 11 jan. 2021. Disponível em: https://neofeed.com.br/blog/home/na-tv-vanguarda-o-exercito-de-250-mil-colaboradores-de-boni. Acesso em: 14 ago. 2024.

86. LEISTER FILHO, Adalberto. CNN Brasil: Confira a chegada em terras brasileiras do maior canal de notícias do mundo. *Go Where*. Disponível em: https://gowhere.com.br/business/cnn-brasil-confira-a-chegada-em-terras-brasileiras-do-maior-canal-de-noticias-do-mundo. Acesso em: 14 ago. 2024.

87. Assista à íntegra do debate entre Aécio Neves e Dilma Rousseff na Record. *R7*, 20 out. 2014. Disponível em: https://record.r7.com/videos/assista-a-integra-do-debate-entre-aecio-neves-e-dilma-rousseff-na-record-14012024. Acesso em: 14 ago. 2024.

88. Bolsonaro fala com exclusividade ao Jornal da Record às 22h. *R7*, 4 out. 18. Disponível em: https://noticias.r7.com/eleicoes-2018/bolsonaro-

fala-com-exclusividade-ao-jornal-da-record-as-22h-29062022. Acesso em: 14 ago. 2024.

89. Bastidores de uma história espetacular: 1000 domingos no ar. *R7*. Disponível em: https://estudio.r7.com/bastidores-de-uma-historia-espetacular-1000-domingos-no-ar-02042024. Acesso em: 14 ago. 2024.

90. Silvio Santos depõe no caso Panamericano e diz que não sabe quem provocou rombo bilionário. *O Globo*, 19 ago. 2014. Disponível em: https://oglobo.globo.com/economia/silvio-santos-depoe-no-caso-panamericano-diz-que-nao-sabe-quem-provocou-rombo-bilionario-13663077. Acesso em: 14 ago. 2024.

91. NALDONI, Thaís. Douglas Tavolaro explica conceito da campanha "Jornalismo Verdade" da TV Record. *Portal Imprensa*, 31 out. 2008. Disponível em: https://portalimprensa.com.br/noticias/ultimas_noticias/21679/douglas+tavolaro+explica+conceito+da+campanha+jornalismo+verdade+da+tv+record. Acesso em: 14 ago. 2024.

92. Obama é o presidente eleito mais votado na história dos Estados Unidos. *Correio Braziliense*, 5 nov. 2008. Disponível em: www.correiobraziliense.com.br/app/noticia/mundo/2008/11/05/interna_mundo,46514/obama-e-o-presidente-eleito-mais-votado-na-historia-dos-estados-unidos.shtml. Acesso em: 14 ago. 2024.

93. André Tal conta como foi sentir terremoto no Japão. *R7*, 11 mar. 2011. Disponível em: https://record.r7.com/fala-brasil/videos/andre-tal-conta-como-foi-sentir-terremoto-no-japao-17112022. Acesso em: 14 ago. 2024.

94. Católicos comemoram a escolha do novo Papa. *R7*, 14 mar. 2013. Disponível em: https://record.r7.com/fala-brasil/videos/catolicos-comemoram-a-escolha-do-novo-papa-17112022. Acesso em: 14 ago. 2024.

95. Reveja a primeira notícia sobre a morte de Isabella Nardoni na Record. *R7*, 18 mar. 2010. Disponível em: https://noticias.r7.com/brasil/videos/reveja-a-

primeira-noticia-sobre-a-morte-de-isabella-nardoni-na-record-22122023. Acesso em: 14 ago. 2024.

96. VAQUER, Daniel. Douglas Tavolaro fala sobre saída da CNN e planos para a CNBC: "Ajudar a despolarizar o país". *Folha de S.Paulo*, 10 mar. 2024. Disponível em: https://f5.folha.uol.com.br/televisao/2024/03/douglas-tavolaro-fala-sobre-saida-da-cnn-e-planos-para-a-cnbc-ajudar-a-despolarizar-o-pais.shtml. Acesso em: 14 ago. 2024.

97. SACCHITIELLO, Bárbara. CNBC: novo canal de TV aposta no jornalismo de negócios. *Meio & Mensagem*, 19 mar. 2024. Disponível em: www.meioemensagem.com.br/midia/cnbc-novo-canal-de-tv-aposta-no-jornalismo-de-negocios. Acesso em: 14 ago. 2024.

98. VAQUER, Daniel. Douglas Tavolaro fala sobre saída da CNN e planos para a CNBC: "Ajudar a despolarizar o país". *Folha de S.Paulo*, 10 mar. 2024. https://f5.folha.uol.com.br/televisao/2024/03/douglas-tavolaro-fala-sobre-saida-da-cnn-e-planos-para-a-cnbc-ajudar-a-despolarizar-o-pais.shtml. Acesso em: 14 ago. 2024.

99. PERLINE, Gabriel. Ex-Globo, Christiane Pelajo é a primeira âncora contratada pela CNBC. *Gente*, 2 abr. 2024. Disponível em: https://gente.ig.com.br/colunas/gabriel-perline/2024-04-02/ex-globo--christiane-pelajo-e-a-primeira-ancora-contratada-pela-cnbc.html.amp. Acesso em: 14 ago. 2024.

100. Christiane Pelajo. *LinkedIn*. Disponível em: https://pt.linkedin.com/posts/chrispelajo_honrada-e-muito-animada-em-ser-%C3%A2ncora-da-activity-7180928744151212032-XThe. Acesso em: 14 ago. 2024.

101. Ex-Globo, Christiane Pelajo é primeira contratada do novo canal de notícias CNBC. *Notícias da TV*, 2 abr. 2024. Disponível em: https://noticiasdatv.uol.com.br/noticia/televisao/ex-globo-christiane-pelajo-e-primeira-contratada-do-novo-canal-de-noticias-cnbc-117610. Acesso em: 14 ago. 2024.

102. Após mais de 20 anos de Globo, Fabio Turci é contratado pela CNBC. *Folha de S.Paulo*, 15 jul. 2024. Disponível em: https://f5.folha.uol.com.br/televisao/2024/07/apos-mais-de-20-anos-de-globo-fabio-turci-e-contratado-pela-cnbc.shtml. Acesso em: 14 ago. 2024.

Este livro foi impresso
pela gráfica Plena Print em
papel lux cream 70 g/m²
em setembro de 2024.